朱培庚編著

詩徑尋幽錄

——詩體百種集錦

文史哲出版社印行

國立中央圖書館出版品預行編目資料

詩徑尋幽錄 ： 詩體百種集錦 / 朱培庚編著. --
初版. -- 臺北市 ： 文史哲, 民85
面 ； 公分
參考書目：面
ISBN 957-549-006-1（平裝）

1. 中國詩 - 詩體

821.4 85002908

詩徑尋幽錄—詩體百種集錦

編著者：朱培庚
出版者：文史哲出版社
登記證字號：行政院新聞局局版臺業字五三三七號
發行人：彭正雄
發行所：文史哲出版社
印刷者：文史哲出版社
台北市羅斯福路一段七十二巷四號
郵撥〇五一二八八一二彭正雄帳戶
電話：三五一一〇二八

實價新台幣四八〇元

中華民國八十五年四月初版

ISBN 957-549-006-1

詩徑尋幽錄——詩體百種集錦 目次

詩徑尋幽錄——詩體百種集錦

一　三言詩

本書所說的詩，係指舊詩，以別於現代的白話新詩。舊詩大致可分為兩類：一是古體詩，一是近體詩。古體詩如三、四、五言，句數不限；近體詩如律詩、絕句，字限五字七字，句限四句八句。可謂多體紛陳，爭奇鬥麗。本書乃是采集正格及變格的各種詩體，每體略舉少數實例，奉請同好參證指教。

三言詩，每句僅三個字。由於受字數所限，常難暢所欲言，不能揮洒盡意。前人所作的三言詩，每須用兩句來表達一個完整的意念。吾人僅須知曉有此一體即足，似乎不必學步。

清人曾熙，有一首〈祝母壽〉的三言詩如下：

惟母德　推賢良

應時興　令譽彰
臨九嶷　望瀟湘
祈母壽　福無疆

宋相司馬光撰的《資治通鑑》卷四十六《漢紀三十八》載：東漢廉范，字叔度，任蜀郡太守。緣以前有禁令，不准人民夜晚工作，以防火災。廉范到任後，廢止前令，但嚴格要求儲水，一郡康富。故民間頌有〈廉叔度詩〉，也是三言：

廉叔度　來何暮
不禁火　民安作
昔無襦　今五袴

二　三句詩

全首詩僅有三句。明人楊愼撰《升菴詩話》卷一說：「古有三句之詩，意足詞贍，盤屈於二十一字之中，最爲難工。偏檢前賢詩，不過四五首而已。」該書引錄了岑之敬〈當壚曲〉三句詩，認爲是絕唱：

明月二八照花新
當壚十五晚留賓
回眸百萬橫自陳

又引無名民〈春詞〉一首三句詩，評爲佳妙：

楊柳裊裊隨風急
西樓美人春夢悒
繡簾斜捲千條入

洪武年中，詹天臞也有一首〈寄山中友人〉三句詩：

桂樹蒼蒼月如霧

山中故人讀書處
白露濕衣不可去

至於三個句子的古詩，當以漢高祖劉邦的「大風歌」爲代表。《史記・高祖紀》載：「高祖已擊呂布，還過沛，置酒沛宮，悉召父老子弟縱酒，發沛中兒得百二十人，教之歌。酒酣，高祖擊筑自爲歌曰：

大風起兮雲飛揚
威加海内兮歸故鄉
安得猛士兮守四方」

三　三五七言詩

寫詩採用奇數字數成句，較之採用偶數字數成句（如六言詩者）爲易。假如將各句的字數使之長短不同，會顯得更活潑而富於變化。唐・李白就寫過一首〈閨情〉的三五七字詩曰：

秋風清　秋月明
落葉聚還散　寒鴉棲復驚
相思相見知何日　此時此夜難爲情

宋代李若水，謚忠愍，詩富於情。他有一首〈江南春〉（江南是指長江以南，也指宋代的行政區域，有江南東路及江南西路），同是三五七言詩：

波渺渺　柳依依
孤村芳草遠　斜日杏花飛
江南春盡離腸斷　蘋滿汀洲人未歸

四　一三五七九言詩

李白還寫過一首〈雜詩〉，每句的字數依序是一三五七九字，每種兩句。係發抒羈臣望闕的心意，訴求卻有含蓄不露之妙（引自《作詩百法》卷下）：

游
愁
赤縣遠
丹思抽
鷲嶺寒風颸
龍河激水流
既喜朝聞日復日
不覺年頹秋更秋
已畢耆山本願誠難在
終望持經振錫在揚州

五　四言詩

四字一句，便於詠唱。據《帝王世紀》所記：相傳帝堯時代，天下太和，百姓安樂，有老人擊壤而歌曰：

日出而作　日入而息
鑿井而飲　耕田而食

這就是〈擊壤歌〉。又《四庫全書》集部中的《藝文類聚》卷五十六載：堯微服遊於康衢，聞兒童吟曰：

立我蒸民　莫匪爾極
不識不知　順帝之則

堯問曰：「孰教爾爲此言？」童兒曰：「我聞之大夫。」問大夫。大夫曰：「古詩也。」以上這兩首，或係我國最早期的四言詩，如此說屬實，則距今已四千多年了。

孔子刪定詩經，廣收遠古各邦國的民風雅歌頌詩，多達三百零五首，其中許多都是四言詩體，誠可謂集其大成，不必贅引。茲另錄魏武帝曹操的〈龜雖壽〉四言詩如左，其中老驥烈士四句，至今還傳誦不衰：

神龜雖壽　猶有竟時
騰蛇成霧　終爲土灰
老驥伏櫪　志在千里
烈士暮年　壯心未已
盈縮之期　不獨在天
養怡之福　可得永年
幸甚至哉　歌以詠志

晉代左九嬪，爲左思（字太沖，寫三都賦，洛陽爲之紙貴）之妹，晉武帝聞其名，納之爲妃。流傳她有四言〈啄木詩〉一首寄意：

南山有鳥　各自啄木
饑則啄樹　暮則巢宿
無干於人　惟志所欲
惟清者榮　惟濁者辱

六　五句詩

此格大都用於即事遣興，每首五句，第一二三五句押韻，第四句則否，也是一種異格。

茲用唐人杜甫的〈曲江〉二首作代表：

其一

曲江蕭條秋氣高
芰荷枯折隨風濤
遊子空嗟垂二毛
白石素沙亦相蕩
哀鴻獨叫求其曹

其二

即事非今亦非古
長歌激烈捎林莽

比屋豪華固難數
吾人甘作心似非
弟姪何傷淚如雨

至於《詩經》裏的五句之詩，則不論在國風、小雅、大雅、頌中，都多處可見。例如〈大雅、文王有聲〉篇，乃是爲頌揚周武王繼續擴展並完成了周文王的征伐功蹟（文王征服崇國，武王討伐商紂）而作。全篇共八首，每首都是五句，茲引其中之一，是贊頌文王的：

文王受命
有此武功
既伐於崇
作邑于豐
文王烝哉

七　半五言半六言詩

這種詩體，乃是在同一首詩中，一半句子是五言，一半句子是六言。此體作品極少。

《欽定四庫全書》集部、宋．郭茂倩輯的《樂府詩集》卷三十七「相和歌辭」中，有晉代傅玄（字休奕）的一首〈鴻雁生塞北行〉（行是樂曲之一種，如長歌行）可作範例。原詩如下：

鳳凰遠生海西　及時崑山岡
五德存羽儀兮　和鳴定宮商
百鳥並侍左右　鼓翼騰華光
上熙遊雲日間　千歲時來翔
孰若彼龍與龜　曳尾泥中藏
非雲雨則不升　冬伏春迺驤
退哀此秋蘭草　根絕隨化揚

靈氣一何憂美　萬里馳芬芳
常恐物易微歇　一朝見棄忘

八　六言詩

六字一句，吟來較促，所以很難下筆，反而不及五言詩的容易安排，也不如七言詩的從容舒暢，且不能有閒字。唐人顧況（至德進士，官著作郎）的〈歸山作〉，應是六言詩的代表，而且每一聯都是對仗句，很難得。詩曰：

心事數莖白髮　生涯一片青山
空林有雪相待　古道無人獨還
桃紅復含宿雨　柳綠更帶朝煙
花落家童未掃　鳥啼山客猶眠

他的另一首〈過山農家〉，也是六字一句，也都合對仗：

板橋人渡泉聲　茅檐日午鷄鳴
莫嗔焙茶烟暗　卻喜晒谷天晴

首二句取景，與溫庭筠〈商山早行〉鷄聲茅店、人迹板橋略相近似。後二句烘茶曬穀，則純是農家鄉景。也是六言詩的佳構。

九 六句詩

一首詩，只有六句。胡才甫在《滄浪詩話》中《箋注》說：「白居易亦多此體。例如〈聽彈古淥水〉一首，〈小池〉二首，〈枯桑〉一首皆如此。」

茲另引唐代儲光羲〈幽人居〉六句詩：

幽人下山徑　去去夾清林
滑處莓苔濕　暗中蘿薜深
春朝煙雨散　猶帶浮雲陰

他又有一首〈石子松〉，同是六句詩：

盤石青巖下　松生盤石中
冬春無異色　朝暮有清風
五鬣何人采　西山舊兩童

唐人孟郊有〈遊子吟〉一首（自注：迎母溧上作），大家耳熟能詳，至今傳誦不衰，也是六句：

慈母手中線　遊子身上衣
臨行密密縫　意恐遲遲歸
誰言寸草心　報得三春暉

唐・李益有一首〈塞上〉詩曰：

漢家今上郡　秦塞古長城
有日雲常慘　無風沙自驚
當今天子聖　不戰四夷平

唐・李白的一首〈子夜吳歌〉，描寫婦人懷念遠戍塞外的丈夫，盼能罷征早日回家團聚之情，極爲眞切。同是五言六句：

長安一片月　萬户擣衣聲
秋風吹不盡　總是玉關情
何日平胡虜　良人罷遠征

李白又有一首〈送羽林陶將軍〉詩，則是七言六句：

將軍出使擁樓船　江上旌旗拂紫烟
萬里橫戈探虎穴　三盃拔劍飲龍泉

莫道詞人無膽氣　臨行將贈繞朝鞭

唐・柳宗元的〈漁翁〉，同樣也是七言六句：

漁翁夜傍西岩宿　曉汲清湘燃楚竹
煙銷日出不見人　欸乃一聲山水綠
廻看天際下中流　巖上無心雲相逐

《漢書・西域傳》載：漢元封中，遣江都王建之女細君，飾爲公主，以妻烏孫王（在今新疆）昆莫，昆莫年老，言語不通。細君傷感，乃作〈悲愁歌〉以寫憂，也是六句。詩曰：

吾家嫁我兮天一方　遠託異國兮烏孫王
穹廬爲室兮氈爲牆　以肉爲食兮酪爲漿
居常思土兮心內傷　願爲黃鵠兮歸故鄉

十　兩句一變韻詩

每兩句押同韻，接著的每兩句另爲一組，卻都改押其他相異的韻，呈現兩句雖同韻，卻兩句一變韻，這也是另一種特型詩體。

唐代李嶠，與王勃齊名。他有一首〈東飛百勞西飛燕〉七言詩，即爲此體。這首詩中「鳳、夢」屬去聲「一送」韻；「樓、頭」屬下平「十一尤」韻；「出、日」屬入聲「四質」韻；「歌、娥」屬下平「五歌」韻；而「改、待」則屬上聲「十賄」韻。原詩如下：

傳書青鳥迎簫鳳　巫嶺荊臺數通夢
誰家窈窕住園樓　五馬千金照陌頭
羅裙玉珮當軒出　點翠施紅競春日
佳人二八盛舞歌　羞將百萬呈雙蛾
庭前芳樹朝夕改　空駐妍華欲誰待

十一 兩句平起兩句仄起詩

這是五絕的變體，前二句的第二字都是平聲，後二句的第二字都是仄聲（原應一平一仄交互使用）。大詩人王維可以如此創格，吾輩卻不宜學步。《唐詩三百首》卷五，列有王維〈鹿柴〉（按柴本作砦，音寨。王維別業在輞川山谷，有鹿柴，指用木柵爲籬，鄉居寂靜，賞景自樂）一首，即創此體：

空山不見人
但聞人語響
返景入深林
復照青苔上

十二　兩句換韻以後不換詩

起始兩句用一韻，以下另押別韻到底，這是奇特之體。李白〈短歌行〉即屬此體，該詩首兩句「短」「滿」屬上聲「十四旱」韻；以下「茫、長、霜、場、桑、觴、光」都屬下平「七陽」韻。原詩云：

白白何短短　百年苦易滿
蒼穹浩茫茫　萬劫太極長
麻姑垂兩鬢　一半已成霜
天公見玉女　大笑億千場
吾欲攬六龍　廻車挂扶桑
北斗酌美酒　勸龍各一觴
富貴非所願　與人駐顏光

十三 四句兩組平仄相同詩

這是說在一首詩中，第一句與第三句平仄相同，第二句與第四句平仄亦相同，雖極少見，亦屬異體之一種。

例如唐代詩人裴迪（與王維崔興宗同居終南，互爲倡和；又與杜甫李頎友善）所作〈孟城坳〉五絕，其中第一和第三兩句都是「仄平仄平仄」；第二和第四兩句則都是「平平仄平仄」。此亦可聊備一體。詩曰：

結廬古城下
時登古城上
古城異疇昔
今人自來往

十四　四句全對絕詩

絕詩只有四句，只講平仄，不求對仗。但唐人王之渙的〈登鸛雀樓〉絕詩，四句全合對仗：

白日依山盡　黃河入海流
欲窮千里目　更上一層樓（流、樓都屬下平十一尤韻）

還有唐人王昌齡的〈答武陵田太守〉五絕，也是四句全合對仗。這兩首都列入了《古今詩刪》卷二十：

仗劍行千里　微軀敢一言
曾為大梁客　不負信陵恩（言、恩都屬上平十三元韻）

唐人沈佺期的〈興慶池侍宴〉詩，則是四句全合對仗七絕：

碧水澄潭映遠空　紫雲香駕御微風
漢家城闕疑天上　秦地山川似鏡中（空、風、中都屬上平一東韻）

有人說：絕詩是截取律詩八句中的四句而成。是則上述各首，諒係截自律詩的中段之四句，故皆全合對仗。此外，絕詩中，也有前兩句相對的，亦頗可觀。如詩仙李白的〈獨坐敬亭山〉：

眾鳥高飛盡　孤雲獨去閒
相看兩不厭　只有敬亭山（閒、山都屬上平十五刪韻）

又如詩聖杜甫的〈八陣圖〉：

功蓋三分國　名成八陣圖
江流石不轉　遺恨失呑吳（圖、吳都屬上平七虞韻）

又如李益的〈夜上受降城聞笛〉：

回樂峯前沙似雪　受降城外月如霜
不知何處吹蘆管　一夜征人盡望鄉（霜、鄉都屬下平七陽韻）

絕詩中後兩句相對仗的，有孟浩然的〈宿建德江〉：

移舟泊煙渚　日暮客愁新
野曠天低樹　江清月近人（新、人都屬上平十一眞韻）

又唐人柳中庸的〈征人怨〉：

歲歲金河復玉關　朝朝馬策與刀環

三春白雪歸青塚　萬里黃河繞黑山（關、環、山都屬上平十五刪韻）

又杜甫的〈存歿口號〉（不落稿而隨口號吟，謂之口號）：

鄭公粉繪隨長夜　曹霸丹青已白頭

天下何曾有山水　人間不解重驊騮（頭、騮都屬下平十一尤韻）

杜甫還有一首七絕，題目就叫〈絕句〉，收入在《千家詩》裏。詩云：

兩個黃鸝鳴翠柳　一行白鷺上青天

窗含西嶺千秋雪　門泊東吳萬里船（天、船都屬下平一先韻）

這是一首描寫初春景色的詩。首二句很普通，常人不難道出，無啥希奇，甚至可視爲俗語，算不得是詩聖的佳句。可是配了下接的兩句，全詩氣象就煥然一新，讓人看到一幅鮮明的圖畫似的。尤其那「含」字選得神妙，這也是四句兩兩全對的佳例。

《今是堂手錄》云：唐時，高麗使過海，有句云：「海鳥浮還沒，山雲斷復連」。賈島詐爲梢人，聯下句云：「棹穿波底月，船壓水中天」。高麗使嘉歎久之，自此不復言詩。這也是四句全對。

十五 五絕仄韻詩

古今詩人，多習慣於以平韻作詩，蓋仄韻高厲直促，難以擺布妥適也。

唐人王維一首〈竹里館〉，係詠他輞川別業的一棟建築物，寫出那林園隱逸的閒趣，《千家詩》及《唐詩三百首》都採錄了此詩，乃是五絕仄韻：

獨坐幽篁裏　彈琴復長嘯

深林人不知　明月來相照

宋人黃庭堅，在崇寧三年，貶赴廣西宜州。他經過南嶽衡山，離別福巖寺時，賦詩一首，曰〈離福巖〉，亦爲五絕仄韻：

山下三日晴　山上三日雨

不見祝融峯　還泝瀟湘去

唐代高僧寒山，與僧拾得爲友，好吟，有《寒山集》。茲錄其〈無題〉：

吾心似秋月　碧潭清皎潔

無物堪比倫　教我如何說

十六　五律仄韻詩

律詩比絕句的句數多了一倍。我們常見的《唐詩三百首》中，五律共八十首，《千家詩》五律共四十六首，《唐宋詩髓》中五律共四十二首，沒有一首是仄韻，全是平韻詩，可見用仄韻者之稀少。

《升菴詩話》卷六，有宗懍〈荊州泊〉一首，該書評說「有國風之意。」乃是用仄韻寫成的五律：

南樓西下時　月裏聞來棹
桂水舳艫回　荊州津濟鬧
移帷向星漢　引帶思容貌
今夜一江人　惟應妾身教

詩中的「棹、鬧、貌、教」，都是去聲「十九效」仄韻。此外該書卷五，載有一首唐人小辭，題爲〈門外猧（音窩，小犬也）兒〉。這也是一首仄韻的綺詩，雖欠平仄對仗之工，但描述鮮活。該書說：「或以問子蒼（宋・韓駒，字子蒼）。曰：『此詩轉折多，蓋八句而四轉也。』」詩曰：

門外猧兒吠　知是蕭郎至
剗襪下香階　冤家今夜醉
扶得入羅幃　不肯脱衣睡
醉且由他醉　猶勝獨自寐

詩中的「至、醉、睡、寐」，都是去聲「四寘」仄韻。

太平天國翼王石達開，毁家抗清，他驍勇機智，豪邁能詩，不幸兵敗身死，卒年才四十三歲。他搶渡金沙江，進兵四川，有〈入川題壁〉一首，充分顯出其雄心壯志：

大盜亦有道　詩書所不屑
黄金若糞土　肝膽硬如鐵
策馬渡懸崖　彎弓射胡月
人頭作酒杯　飲盡仇讎血

十七　五絕平起式首句用韻詩

五言絕句是每句五個字，通首四句。有「平起式」或「仄起式」之分，又有「首句押韻」或「首句不押韻」之別。

茲先列出「平起式首句押韻」的平仄如下（首句第四字平聲爲平起式）：

平仄 仄仄平平（韻）　平平仄仄平（韻）

平仄 平平仄仄　　平仄 仄仄平平（韻）

除第一三四的第一個字，可以或平或仄之外，其餘都應依此規則作詩，才合法度。《唐詩三百首》選載西鄙人〈哥舒歌〉一首，詠贊唐代名將哥舒翰（哥舒是複姓）的英勇。哥舒少讀春秋，知大義。他破吐蕃，持半段槍，所向披靡，威震吐蕃。臨洮在甘肅洮河東岸，面對青海省，爲邊防重鎮。這是「平起式首句用韻」的五絕：

北斗七星高　哥舒夜帶刀

至今窺牧馬　不敢過臨洮

十八　五絕平起式首句不用韻詩

「平起式而首句不押韻」的五絕，其平仄規範應如下述：

（平仄）仄平平仄　平平仄仄平（韻）

（平仄）平平仄仄　（平仄）仄仄平平（韻）

第一三四句的第一個字，可以或平或仄。

杜甫在四川奉節縣，看到三國時諸葛亮把石塊在長江邊上堆砌成奇妙的八門陣勢，吟出〈八陣圖〉一首，言簡意賅，有贊有歎，千古傳誦。便是「平起式而首句不押韻」的五絕：

功蓋三分國　名成八陣圖

江流石不轉　遺恨失吞吳

英國詩人羅伯．史蒂文生（Robert Louis Stevenson）寫了一首〈詠風〉的英文詩，二十八字。原句是：

THE WIND

by Robert Louis Stevenson

I saw you toss the kites on high
and blow the birds above the sky;
And all around I heard you pass,
Like ladies' skirts across the grass.

英文詩也有多種體裁，用字還須講求重音（stress）的勻稱、音節（pitch）的平均、也要押韻（rhyme）。英詩有鄰句相押的，有隔句跳押的。這詩的第一二和第三四兩鄰句各押不同的韻。如要翻成整齊的五言七言中文詩尚不容易，今暫譯爲散文詩如下：

我看到你將風箏托入高穹
又將鳥兒吹向天空
我聽到你在四周微拂
好似淑女長裙輕掠過草叢

原詩已選入美國中學的課本裏。它還合乎詩經六義「賦比興」中的比：「

比類以言之」。他用紗裙拂淺草來喻風，確是佳作。

但我們看來，好像還不及唐人李嶠的詠〈風〉五絕：

解落三秋葉
能開二月花
過江千尺浪
入竹萬竿斜

這寥寥二十字，每句都嵌入了數字，每句各寫風的諸般狀貌，音調鏗鏘，詠之入微，全無斧鑿痕，似乎比風箏升空裙邊掠草雅緻多了。而且四句全合對仗。這也是「平起首句不押韻」的五絕之例。

十九　五絕仄起式首句用韻詩

五絕「仄起式首句押韻」的平仄規範爲（首句第四字仄聲爲仄起）：

平平仄仄平（韻）　（平仄）仄仄平平（韻）

（平仄）仄平平仄　平平仄仄平（韻）

第二四兩句的第一個字，可以或平或仄。

《千家詩》中，有唐人皇甫冉〈婕妤怨〉詩。婕妤又作倢伃，漢之女官名。

這是說班婕妤美而能文，未得帝寵。只見別的美人，從建章宮出來，昭陽宮就吹奏鳳簫曲以迎。試問那承恩的美人兒，她的一雙娥眉，究有多長？恐怕還不及我的嫵媚吧？這是一首「仄起式而首句押韻」的五絕：

花枝出建章　鳳管發昭陽

借問承恩者　雙娥幾許長

二〇　五絕仄起式首句不用韻詩

五絕「仄起式首句不押韻」的平仄規範是：

平仄 平平仄仄　平仄 仄仄平平（韻）

平仄 仄平平仄　平平仄仄平（韻）

第一、三句第一個字可以或平或仄。

唐代有位李適之，天寶中爲右丞相，善飲酒，與李白齊名。他辭官避位，以讓賢者，惟銜杯縱酒以自樂。想起昔日爲相，賓客盈門，而今庭前冷落，顧我者曾有幾人哉？這首〈罷相作〉，列入《千家詩》中，是「仄起式而首句不用韻」者：

避賢初罷相　樂聖且銜杯

爲問門前客　今朝幾箇來

二二　五律平起式首句用韻詩

五律「平起式第一句押韻」的平仄規範爲（首句第四字平聲爲平起式）：

平仄 仄仄平平（韻）　平平仄仄平（韻）
平仄 平平仄仄　平仄 仄仄平平（韻）
平仄 仄平平仄　平平仄仄平（韻）
平仄 平平仄仄　平仄 仄仄平平（韻）

詩聖杜甫，在鼙鼓兵刀的戰亂中遠離故鄉，正當那秋高月朗之夜，聽到那雁唳孤空，看到那露凝荒草，念及那弟兄分離，歎息那家書斷隔，就寫了一首〈月夜憶舍弟〉，這是「平起式而首句押韻」的極好五律：

戍鼓斷人行　秋邊一雁聲
露從今夜白　月是故鄉明
有弟皆分散　無家問死生
寄書長不達　況乃未休兵

清人黃之雋，撰有《香屑集》，收入《四庫全書》，應屬香艷體，卷七中有〈歡情〉一首五律云：

冉冉柳枝腰　花容正索饒
細音遙翠珮　纖影透龍綃
喜過還疑夢　憐多轉自嬌
臥遲燈滅後　羅薦暗魂消

這也是「平起式首句押韻」的五律。

二二　五律平起式首句不用韻詩

五律「平起式而第一句不押韻」的平仄規範如次：

(平仄)仄平平仄　平平仄仄平（韻）
(平仄)平平仄仄　(平仄)仄仄平平（韻）
(平仄)仄平平仄　平平仄仄平（韻）
(平仄)平平仄仄　(平仄)仄仄平平（韻）

律詩除了「平仄」及「押韻」之外，還須講求「對仗」。祇以本書非爲教學而作，故於「對仗」略而未論。

唐代劉長卿，字文房，開元年間舉進士。詩意雅暢，權德輿譽他爲「五言長城」。他的那首〈送李中丞歸漢陽別業〉，有無盡的感慨。（中丞一職，是舉劾糾彈的京官）。歎息他被罷黜還鄉，卻家無恆產過老。想當年他統領了十萬雄兵，征南靖邊，如今只剩下那柄寶劍，孤獨地知曉他那奮不顧身的功業。遙念那漢水江邊，暮色蒼茫，要他到何處去安頓晚年呢？這是一首「平起式但第一句不押韻」的五律：

流落征南將　曾驅十萬師
罷官無舊業　老去戀明時
獨立三邊靖　輕生一劍知
茫茫江漢上　日暮欲何之

還有那杜甫罷官之後，獨泊在江上船中，看到那岸邊輕風拂草，舟中高桅插天，野曠星低，月明波漾；想起我擁有的浮名，哪是由於寫詩弄文而倖得？至於這區區的官位，應該爲了疾侵年邁而讓賢了吧。但願從此無牽無掛，學那天際的鴻鷗，任意翱翔，因而有〈旅夜書懷〉寄慨：

細草微風岸　危檣獨夜舟
星垂平野闊　月湧大江流
名豈文章著　官應老病休
飄飄何所似　天地一沙鷗

李白有「山隨平野盡，江入大荒流」，句法與這詩頷聯略似。此詩前四句寫「旅夜」，後四句是「書懷」，這也是「平起式首句沒有押韻」的五律。

二三　五律仄起式首句用韻詩

五律「仄起式首句用韻」的平仄規範是（首句第四字仄聲爲仄起式）：

平平仄仄平（韻）　平仄 仄仄平平（韻）
平仄 仄平平仄　平平仄仄平（韻）
平仄 平平仄仄　平仄 仄仄平平（韻）
平仄 仄平平仄　平平仄仄平（韻）

王維，字摩詰，唐代開元進士，有《王右丞集》。他在開元二十五年，以監察御史之職，遠赴涼州邊塞。到了居延屬國、內蒙河套、甘肅蕭關、燕然狼山，因而詠出了〈使至塞上〉一詩，雖不無孤寂之思，卻更多凌雲之氣，是「仄起式第一句押韻」的五律，詩曰：

單車欲問邊　屬國過居延
征篷出漢塞　歸雁入胡天
大漠孤烟直　長河落日圓

蕭關逢候騎　都護在燕然

別號玉谿生的李商隱，在唐宣宗大中元年初夏（詩中有春去夏猶清之句），抵桂林就任觀察使鄭亞的幕僚不久，欣賞到那雨歇轉晴，芳草萋萋之景。他身處高閣，視野迥闊，晴光返照，小窗明亮，油然興喜悅之思。桂林古爲百越之境，故稱鳥兒爲越鳥（古詩十九首中，有越鳥巢南枝之句）。雨後雀巢已乾，衆鳥羽輕翼爽，趁晚歸飛，正是夕陽無限好之象，與作者樂觀開朗的心情相吻合，因而他寫了〈晚晴〉詩一首。這也是「仄起式首句押韻」的五律：

深居俯夾城　春去夏猶清
天意憐幽草　人間重晚晴
併添高閣迥　微注小窗明
越鳥巢乾後　歸飛體更輕

二四　五律仄起式首句不用韻詩

五律「仄起式而第一句不押韻」的平仄規範應是：

平仄平平仄仄　平仄仄仄平平（韻）
平仄仄平平仄　平平仄仄平（韻）
平仄平平仄仄　平仄仄仄平平（韻）
平仄仄平平仄　平平仄仄平（韻）

唐代大詩家白居易，字樂天，又號香山居士。與元稹酬詠，並稱「元白」。傳說他始生七月，就能辨識「之、無」二字。爲詩平易，老嫗能解。初時，他作了這一首詠〈草〉的詩，到首都長安呈謁顧況（任著作郎）。顧況說：「京師米價方貴，『居』恐不『易』。」及見詩句，馬上改說：「道得箇中語，居即易矣。」由是聲名大噪。這首「仄起式而首句不押韻」的五律是這樣寫的：

離離原上草　一歲一枯榮
野火燒不盡　春風吹又生

遠芳侵古道　晴翠接荒城

又送王孫去　萋萋滿別情

唐人李益，字君虞，登進士第，與李賀齊名。相傳每作詩一篇訖，各教坊樂人，爭相賄賂求取。太和初年，做過禮部尚書。他有一首〈喜見外弟又言別〉說：他與十年未見的表弟相會，連姓名容貌都依稀難認了。相聚苦短，明天又要告別，遠赴湖南岳陽去了。乍見之驚喜，遽離之惆悵，溢於言詞之外。是「仄起式第一句不押韻」的五律：

十年離亂後　長大一相逢

問姓驚初見　稱名憶舊容

別來滄海事　語罷暮天鐘

明日巴陵道　秋山又幾重

二五　六句三韻一變詩

此種詩體，係六句爲一個段落，每六句一變韻。可引李白的〈陌上桑〉作例（本是一首，爲便閱讀，權分三段）：

美女渭橋東
春還事蠶作
五馬如飛龍
青絲結金絡
不知誰家子
調笑來相謔

＊

妾本秦羅敷
玉顏艷名都
綠條暎素手

採桑向城隅
使君且不顧
況復論秋胡

＊

寒螢愛碧草
鳴鳳棲青梧
託心自有處
但怪旁人愚
徒令白日暮
高駕空踟躕

右詩第一段「作、絡、詎」屬入聲十藥韻，第二段「敷、都、隅、胡」屬上聲七虞韻，第三段「梧、愚、躕」屬上聲七虞韻。

二六　七絕平起式首句用韻詩

七言絕句是每句七個字，通首四句。有「平起式」或「仄起式」之分。也有「押韻」或「不押韻」之別。

七絕「平起式第一句押韻」的平仄應是（第一句第六字平聲爲平起式）：

(平仄)平(平仄)仄仄平平（韻）　(平仄)仄平平仄仄平（韻）

(平仄)仄(平仄)平平仄仄　(平仄)平(平仄)仄仄平平（韻）

唐人杜牧，字牧之，以七絕著稱，時人號爲「小杜」，以別於老杜（子美杜甫）。又與李商隱齊名，並稱晚唐時期的「李杜」。他在南京秦淮河畔船中夜泊，聽到歌妓在唱陳後主綺艷宮詞〈玉樹後庭花〉之曲，那是南北朝陳代（首都是南京，又稱建康、金陵）的亡國之音，實不宜於金陵故地歌此曲也，因有感而作〈泊秦淮〉一首。《唐詩三百首》及《千家詩》都收入此詩，是「平起式首句押韻」的七絕：

烟籠寒水月籠沙　夜泊秦淮近酒家

商女不知忘國恨　隔江猶唱後庭花

殘唐五代十國，有個「後蜀」，國主孟昶的王妃叫花蕊夫人，精於詩文。蜀亡入宋後，宋太祖召使呈詩，她便吟出〈國亡詩〉一首（見后山詩話）：

君王城上豎降旗　妾在深宮那得知
十四萬人齊解甲　更無一個是男兒

這種悲憤之情，就和清代台籍愛國詩人丘逢甲一樣。中日甲午之戰，我國慘敗，訂立了喪權辱國的馬關條約，割讓台灣澎湖與日本。丘逢甲痛心疾首，寫了〈春愁〉一首抒憤。詩云：

春愁難遣強登山　往事驚心淚欲潸
四百萬人同一哭　去年今日割台灣

這兩首都是蘊蓄著一股莫可奈何、無能爲力的慨歎，也都是「平起式首句押韻」的七絕。

《詩人玉屑》卷十錄有蔡持正〈夏日〉絕句。評爲極有閒適自在之意：

紙屛石枕竹方牀　手倦抛書午夢長
睡起莞然成獨笑　數聲漁笛在滄浪

二七　七絕平起式首句不用韻詩

七絕「平起式首句不押韻」的平仄是：

平平仄仄平平仄　仄仄平平仄仄平（韻）
仄仄平平平仄仄　平平仄仄仄平平（韻）

宋代計有功撰《唐詩紀事》載：「朱慶餘（名可久，寶曆進士）晉見水部郎中張籍（字文昌，精於詩）。籍索慶餘章句，置之懷袖而推贊之，時人以籍而重朱。慶餘乃作〈閨意〉（又叫〈近試上張水部〉）一首以獻，假託初婚的新嫁娘，晨起用心妝扮，力求合於時尚，欲討得公婆歡喜，藉來比喻自己，寓感激提拔之意。詩曰：

洞房昨夜停紅燭　待曉堂前拜舅姑
妝罷低聲問夫婿　畫眉深淺入時無

由是朱名流傳海內。」他以新嫁娘爲比況，既能兩相符契，而寫新婦口吻，入微入理，彌足貴也。

蔡絛撰《西清詩話》云：「宋・歐陽修守滁陽，築醒心、醉翁兩亭於琅琊幽谷，命幕客謝某，雜植花卉於其間。謝以狀問名品（「狀」是說寫呈書面稟簽，請示花卉的名稱）。公即批於紙尾云：

淺深紅白宜相間　先後仍須次第栽
我欲四時攜酒去　莫教一日不花開

其清放如此。」遙想這些前輩大文豪，即時提筆，一揮而就，胸中不知蘊藏了多少珍寶，片言都是珠玉，我們學淺眞當愧煞了。這也是「平起式首句不押韻」的七絕之例。

二八　七絕仄起式首句用韻詩

七絕「仄起式首句用韻」詩的平仄爲（第一句第六字仄聲爲仄起式）：

（平仄）仄平平仄仄平（韻）　（平仄）平（平仄）仄仄平平（韻）

（平仄）平仄仄平平仄　（平仄）仄平平仄仄平（韻）

李商隱，字義山，又號玉溪生。是唐代開成進士，作詩與溫庭筠齊名。後來楊億等人摹擬其詩，作西崑唱酬集，遂稱「西崑體」。他有一首詠〈嫦娥〉的詩，吐露出早知今日，悔不當初的傷感。蓋詩意別有所指，姑託嫦娥以遣懷也。詩云：

雲母屏風燭影深　長河漸落曉星沉
嫦娥應悔偷靈藥　碧海青天夜夜心

力拔山兮氣蓋世的西楚霸王項羽，和劉邦楚漢爭雄。當他敗走烏江（在安徽省和縣東北，土多黑壤，故名）時，船長要他渡江，說：「江東雖小，地方千里，亦足王也，願大王急渡。」項羽認爲無面見江東父老，慷慨自刎而死，並將腦袋相送，說可領千金重賞，這是何等英雄氣概。但杜牧卻有一首〈題烏江亭〉，別有發揮，詩曰：

勝敗由來不可期　包羞忍恥是男兒
江東子弟多才俊　捲土重來未可知

是說遇到挫折，不必氣餒，仍當重整旗鼓，徐圖東山再起。這也是「仄起式首句押韻」的七絕。

春秋吳越爭戰，越王勾踐大敗，乃選美女西施獻給吳王夫差，竟使夫差政務荒廢，國勢轉弱。勾踐則臥薪嚐膽，終於滅了吳國。越人都說是西施的功勞，吳人卻怨西施敗國。但唐人羅隱（有甲乙集十卷）卻持異議，他有詠〈西施〉一首：

家國興亡自有時　吳人何苦怨西施
西施若解傾吳國　越國亡來又是誰

這也是「仄起式首句押韻」的七言絕句。

二九　七絕仄起式首句不用韻詩

七絕「仄起式首句不押韻」的平仄規範如下：

平仄 仄 平仄 平平仄仄　　平仄 平 平仄 仄仄平平（韻）

平仄 平 平仄 仄平平仄　　平仄 仄平平仄仄平（韻）

那「詩中有畫、畫中有詩」的王維，字摩詰，是唐開元初進士。他做過尚書右丞，故又稱「王右丞」。他在九月九日重陽節，獨身在外，遠離故鄉，想起家中弟兄，團聚歡度佳節，獨缺自己，不勝思念，就寫了一首〈九月九日憶山東兄弟〉。茱萸是重九登高嵌節必備的避邪之草。這是「仄起式首句沒有押韻」的七絕：

獨在異鄉爲異客　每逢佳節倍思親

遙知兄弟登高處　徧插茱萸少一人

三〇　七律平起式首句用韻詩

七律「平起式首句用韻」的平仄如次（第一句第六字平聲爲平起式）：

〔平仄〕平〔平仄〕仄仄平平（韻）　〔平仄〕仄平平仄仄平（韻）
〔平仄〕仄〔平仄〕平平仄仄　〔平仄〕平〔平仄〕仄仄平平（韻）
〔平仄〕平〔平仄〕仄平平仄　〔平仄〕仄平平仄仄平（韻）
〔平仄〕仄〔平仄〕平平仄仄　〔平仄〕平〔平仄〕仄平平（韻）

宋代歐陽修，字永叔，號醉翁，又號六一居士。景祐三年，范沖淹屈貶饒州，歐陽修上諫書，也被謫貶夷陵（今湖北宜昌）。那夷陵山城，風俗樸野，卻富有橘柚茶筍等名產，江山秀美。下面引《千家詩》歐公一首〈戲答元珍〉詩，又作〈戲答元珍花時久雨之什〉。元珍是丁寶臣之字，景祐進士，與歐陽修交篤。此詩便是醉翁先生在夷陵寫寄的。蔡絛《西清詩話》云：「歐公語人曰：春風疑不到天涯，二月山城未見花。併讀之，便覺精神頓出。」方回《瀛奎律髓》云：「此詩作於夷陵，歐公自謂得意，蓋起句春風疑不到天涯，接句二月山城未見花。以後句句有味。」這是「平起式首句用韻」七律：

春風疑不到天涯　二月山城未見花
殘雪壓枝猶有橘　凍雲驚筍欲抽芽
夜聞歸雁生鄉思　病入新年感物華
曾是洛陽花下客　野芳雖好不須嗟

注：此詩花字不字重複，似是微疵。或係詩集刊刻手民之誤，尚祈高人覓善本校正。

湘鄉曾國潘，清咸同時平定太平天國，爲中興第一功臣。與左宗棠（湘陰）、彭玉麟（衡陽）、胡林翼（益陽）並稱曾左彭胡。他的詩文，卓絕一代，尤其擅作對聯，有《曾文正公全集》。乙未年，他在船中吟出一首〈歲暮雜感〉，舒吐胸中豪氣。同是「平起式首句押韻」的七律佳範：

去年此際賦長征　豪氣思屠大海鯨
湖上三更邀月飲　天邊萬嶺挾舟行
竟將雲夢吞如芥　未信君山剷不平
偏是東皇來去易　又吹草綠滿蓬瀛

三二　七律平起式首局不用韻詩

七律「平起式首句不用韻」的平仄：

〔平仄〕平〔平仄〕仄平平仄　〔平仄〕仄平平仄仄平（韻）
〔平仄〕仄〔平仄〕平平仄仄　〔平仄〕平〔平仄〕仄仄平平（韻）
〔平仄〕平〔平仄〕仄平平仄　〔平仄〕仄平平仄仄平（韻）
〔平仄〕仄〔平仄〕平平仄仄　〔平仄〕平〔平仄〕仄仄平平（韻）

此式與「平起首句用韻式」只有第一句相異，餘句皆同。

宋代文豪蘇軾，字子瞻，號東坡。其弟蘇轍，字子由，蘇轍有詠寄大哥〈懷澠池寄子瞻兄詩〉曰：

相攜話別鄭原上　共道長途怕雪泥
歸騎還尋大梁陌　行人已度古崤西
曾爲縣吏民知否　舊病僧房壁共題
遙想獨遊佳味少　無言騅馬但鳴嘶

蘇轍自注云：「昔與子瞻應舉，過宿縣中寺舍，題老僧奉閑（僧之名號）之壁。」蘇軾讀後，寄回一首〈和子由澠池懷舊〉。蘇軾也自注云：「往歲（謂嘉祐二年）馬死於二陵，騎驢至澠池。」這是一首步原韻和答之詩，也就是「雪泥鴻爪」成語的出處，乃「平起式首句不押韻」七律：

人生到處知何似　應似飛鴻踏雪泥
泥上偶然留爪跡　鴻飛那復計東西
老僧已死成新塔　壞壁無由見舊題
往日崎嶇還記否　路長人困蹇驢嘶

此詩「似」「泥」「鴻飛」重複是可以的，但「人」字也重複了，不知是否筆者所據蘇集原書手民之誤？

唐代詩人韋莊，乾寧進士，有詩集一卷。他的〈鄜州留別張員外〉詩，說從前在洞庭君山送行，如今卻在陝北延安（鄜州）重遇。十年了，離合似夢，聚散如風，且珍惜眼前幾天，惆悵明朝又別，不勝感慨。詩曰：

江南相送君山下　塞北相逢朔漠中
三楚故人皆是夢　十年往事只如風

莫言身世他時異　且喜琴樽數日同
惆悵只愁明日別　馬嘶山店雨濛濛

這也是「平起式首句不押韻」的七律。

唐代元稹，字微之，唐穆宗時，官任中書舍人。詩與白居易齊名，世稱「元白」。妻係京兆韋氏，富於才思，感情彌篤，不幸二十七歲逝世。微之不勝悲痛，因賦悼亡詩三首，茲錄其中之一。蘅塘退士曰：「古今悼亡詩充棟，終無出此範圍者」。許文雨云：「本詩悼亡情殷，悲韋亦以自悲也」。按元稹出身寒微，故云黔婁，後來顯貴，只能設壇超度而已。蓋天人永隔，無由彌補了。這首〈遣悲懷〉之詩，確是至情流露，也是「平起式首句不押韻」的七律之例：

謝公最小偏憐女　自嫁黔婁百事乖
顧我無衣搜藎篋　泥他沽酒拔金釵
野蔬充膳甘長藿　落葉添薪仰古槐
今日俸錢過百萬　與君營奠復營齋

三二　七律仄起式首句用韻詩

七律「仄起式首句用韻」詩之平仄（第一句第六字仄聲爲仄起式）：

平仄 仄 平 平 仄 仄 平（韻）
平仄 平 平仄 仄 仄 平 平（韻）
平仄 平 平仄 仄 平 平 仄
平仄 仄 平 平 仄 仄 平（韻）
平仄 仄 平仄 平 平 仄 仄
平仄 平 平仄 仄 仄 平 平（韻）
平仄 平 平仄 仄 平 平 仄
平仄 仄 平 平 仄 仄 平（韻）

宋代陸游，字務觀，號放翁，有《劍南詩稿》。爲秦檜所嫉，檜死，他最後以待制致仕。下面所引〈送七兄赴揚州帥幕〉，寫於紹興三十二年。詩中「石頭」指南京城。「瓜州」在揚州南，曾被金兵入侵佔領。「芻蕘、畎畝」指不在其位的草野百姓而言。范士大《歷代詩發》說：「聲情痛楚，惓惓忠國之心，於此可見。」清乾隆御訂的《唐宋詩醇》說：「但覺忠憤塡胸，不復論其造句之警，此杜子美之嫡嗣，他人不能到也。」這是仄起式首句押韻之七律：

初報邊烽照石頭　旋聞胡馬集瓜州

諸公誰聽芻蕘策　吾輩空懷畎畝憂
急雪打窗心共碎　危樓望遠涕俱流
豈知今日淮南路　亂絮飛花送客舟

國父孫中山先生，吾人僅知他邃於醫學，詩文乃被遮蓋了。試看他〈上李鴻章萬言書〉提出的「人盡其才，地盡其利，物盡其用，貨暢其流」四大綱，直是放之四海而皆準的宏文。《孫文學說》揭櫫的「吾心信其可行，雖移山塡海之難，終有成功之日；吾心信其不可行，則反掌折枝之易，亦無收效之期」數語，乃是駢文，平仄對仗，都屬上乘。他也偶然寫詩，茲引〈輓劉道一烈士〉一首如下：

半壁東南三楚雄　劉郎死去霸圖空
尚餘遺孽艱難甚　誰與斯人慷慨同
塞上秋風嘶戰馬　神州落日泣哀鴻
幾時痛飲黃龍酒　橫攬江流一奠公

這首輓詩，氣勢豪邁，聲調鏗鏘，悲傷中有憤慨，悼念中有策勵，不愧是領袖口吻，也是「仄起式首句押韻」七律之佳例。

三三　七律仄起式首句不用韻詩

七律「仄起式首句不押韻」平仄規範列下：

[平仄]仄[平仄]平平仄仄　[平仄]平[平仄]仄仄平平（韻）
[平仄]平[平仄]仄平平仄　[平仄]仄平平仄仄平（韻）
[平仄]仄[平仄]平平仄仄　[平仄]平[平仄]仄仄平平（韻）
[平仄]平[平仄]仄平平仄　[平仄]仄平平仄仄平（韻）

此式與仄起首句用韻式只有第一句相異，餘句皆同。

宋人黃庭堅，字魯直。詩與蘇軾齊名，時稱「蘇黃」，更開江西詩派。他的詠〈清明〉詩，寫出三月桃李盛開，也是掃墓時節。「祭餘」出《孟子・離婁・下》之齊人章。「焚死」出《左傳》及《新序》，指介之推在清明節前一日燒死在綿山。此詩寄寓詩人的感慨，是「仄起式首句不押韻」的七律：

佳節清明桃李笑　野田荒隴祇生愁
雷驚天地龍蛇蟄　雨足郊原草木柔

人乞祭餘驕妾婦　士甘焚死不公侯
賢愚千載知誰是　滿眼蓬蒿共一丘

唐朝賈至，字幼鄰。與他父親賈曾，先後任中書舍人，都是掌朝廷之制誥，書天子之絲綸，鳳凰池上，父子鳳毛繼美。賈至寫了一首〈早朝大明宮〉七律，分送兩省僚友。於是王維、岑參、杜甫都作詩回和（此四詩都在《千家詩》中）。那杜甫的七律是這樣的：

五夜漏聲催曉箭　九重春色醉仙桃
旌旗日暖龍蛇動　宮殿風微燕雀高
朝罷香煙攜滿袖　詩成珠玉在揮毫
欲知世掌絲綸美　池上如今有鳳毛

這詩前三聯都合對仗。首四句暢敘五更時參加大明宮早朝的盛況之隆，後四句贊美賈至世代掌理皇帝詔書的家風之美。張戒《歲寒堂詩話》卷上說：「詩、言志、詠物，兼而有之者，老杜也。言志乃詩人之本意，詠物特詩人之餘事也。」

吳沆《環溪詩話》卷上說：「杜詩妙處，人罕能知。凡人作詩，一句只說得一件事物，或多說到兩件。杜詩一句能說三件、四件、五件。……如『旌旗日暖龍蛇動，宮殿風微燕雀高』，每句中都說了五件事。若按此法以求前人，即漸難爲詩矣。」又說：「如以此道求之他人，當絕無而僅有也。」標準太高，我們若是學疏才拙，恐怕很難下筆寫詩了。這也是「仄起式首句不押韻」的七律之佳例。

唐代宗廣德元年，唐兵反攻河北，平定安史之亂。杜甫時在四川，得知官軍在劍外（四川劍閣縣北有劍門山）收復薊州，一時大喜若狂，由此而引起聯翩浮想，準備即刻還鄉，他計算循著三峽，由川入楚，再沿湖北襄陽，北上洛陽（杜甫田園尚在洛陽）。這八句〈聞官軍收河南河北〉一氣呵成，酣暢淋漓之至，迄今仍誦贊不衰，也是「平起式首句不押韻」七律：

劍外忽傳收薊北　初聞涕淚滿衣裳
卻看妻子愁何在　漫卷詩書喜欲狂
白日放歌須縱酒　青春作伴好還鄉
即從巴峽穿巫峽　便下襄陽向洛陽

三四　七句換韻詩

宋代大詩人蘇東坡，作了〈太白贊〉一首，全詩共十四句，每句都押韻，一韻七句方換韻，又都是平聲韻，實未多見。錄自宋・魏慶之的《詩人玉屑》卷二，標題謂爲「平頭換韻法」。詩如下：

天人幾何同一漚　謫仙非謫乃其遊
揮斥八極隘九州　化爲兩鳥鳴相酬
一鳴一止三千秋　開元有道爲少留
縻之不得矧肯求　東望太白橫峨岷
眼高四海空無人　大兒汾陽中令君
小兒天臺坐忘身　平生不識高將軍
手涴吾足矧敢嗔　作詩一笑君應聞

三五　七言變體詩

詩的平仄，無論平起式、仄起式，都有定法，應予遵守。但《詩人玉屑》卷二卻舉出「變體」云：「然若用變體，則如兵之出奇，可以驚世駭目，如老杜七律詩〈仲夏嚴公枉駕〉：

竹裏行廚洗玉盤　花邊立馬簇金鞍
非關使者徵求急　自識將軍禮數寬
百年地闢柴門迥　五月江深草閣寒
看弄漁舟移白日　老農何處罄交歡

此七言律詩之變體也。又如韋蘇州（按指韋應物，韋曾任蘇州刺史，世號韋蘇州）七絕云：

南望青山滿禁闈　曉陪鴛鷺正差池
共愛朝來何處雪　蓬萊宮裏拂松枝

又如老杜七絕云：

山瓶乳酒下青雲　氣味濃香幸見分
鳴鞭走送憐漁父　洗盞開嚐對馬軍

此皆律詩絕句之變體也。」

以上是《詩人玉屑》的原文。申言之：右面第一首老杜的七言律詩，乃是首句押韻的仄起式。其中第五句本該是仄仄平平平仄仄，他卻改變爲仄平仄仄平平仄，與正格顚倒，也就是平仄反過去了。以下各句，都變成了反體。

右面第二首韋蘇州的七言絕句，乃是首句押韻的仄起式。其中第三句本該是平平仄仄平平仄，他卻改變爲仄仄平平平仄仄，與正格顚倒，下一句也跟著反了。

右面第三首老杜的七言絕句，乃是首句押韻的平起式。其中第三句本該是仄仄平平平仄仄，他卻改變爲平平仄仄平平仄，與正格顚倒，下一句自也跟著反了。因此這三首都是變體。

前人的變體，我們可以欣賞，但不一定要學。理由是：我們雖然刻意作成了變體詩，旁人不見得會認爲你寫得出奇出色，而反會認爲你對平仄尚未搞懂，指責你錯用亂用，不合法度。

三六　七絕仄韻詩

七絕仄韻作者很少，遍翻《唐詩三百首》中五十一首七絕，以及《千家詩》中九十四首七絕，均無一首仄韻詩（詩集本很繁多，但以三百首及千家詩最爲普及，筆者亦以通俗着墨，故常取該兩書爲例）。

宋人范晞文所撰《對床夜語》云：「七言仄韻，尤難於五言。長孫佐輔有詩曰：

獨訪山家歇還涉　茆屋斜連隔松葉
主人聞語未開門　遶籬野菜飛黃蝶

柳子厚也有詩曰：

南州溽暑醉如酒　隱几熟眠開北牖
日午獨覺無餘聲　山童隔竹敲茶臼」

以上是《對床夜語》所引二例。及閱張夢機所選《唐宋詩髓》，收錄的七絕八十四首（唐代四十九、宋代三十五）中，亦僅有寇準的〈江南春〉爲七絕仄韻詩：

杳杳煙波隔千里　白蘋春散東風起
日落汀洲一望時　柔情不斷如春水

唐人高適，世稱高常侍（因他官終散騎常侍），有《高常侍集》傳後。殷璠《河岳英靈集》說他「詩有骨氣」。王世貞《藝苑巵言》卷四，評高適與岑參之詩，認爲二人不易分辨優劣，但論風骨，則岑不如高。長沙市岳麓書社出版的《三百首新編》一書中，收錄了高適〈營州歌〉一首，寫北方邊地游俠少年的尙武精神。他不從正面如何射獵着筆，卻描繪「千鍾不醉」「十歲能騎」這些特點去側寫。意氣豪宕，神采飛揚，筆法斬絕，戛然而止。也是用的仄韻（營州在今遼寧省。饜是滿足，謂經常喜在原野裏騎獵才快意）：

營州少年饜原野　狐裘蒙茸獵城下
虜酒千鍾不醉人　胡兒十歲能騎馬

三七　七律仄韻詩

七言律詩採用仄韻的，作者很少見。唐代高適（簡介見前頁），有一首〈九月九日酬顏少府〉七律，可作代表：

簷前白日應可惜　籬下黃花爲誰有
行子迎霜未授衣　主人得錢始沽酒
蘇秦憔悴時多厭　蔡澤悽惶世看醜
縱使登高只斷腸　不如獨坐空搔首

這一首既是七律仄韻也是八句完全對仗的詩。

三八　八句首字全仄詩

這是說每句的第一字全都用仄聲。宋代魏慶之所撰《詩人玉屑》卷二引《古今詩話》說：「唐末、蜀川有唐求，方外人也（謂已出家爲僧）。吟詩有所得，即將詩稿揉爲丸，投入瓢中，後投瓢於江，曰：茲文苟不沈沒，得之者方知吾之苦心耳。瓢至新渠江，有識者曰：此唐山人詩瓢也。接得，十纔二三。」（另有《唐詩紀事》同載此一故事）其中一首〈題鄭處士隱居〉詩云：

不信最清曠　及來愁已空
數點石泉雨　一溪霜葉風
業在有山處　道成無事中
酌盡一杯酒　老夫顏亦紅

每句首字，都是仄聲字，似可錄存，以備一格，聊供同賞。

三九　八句全對律詩

一般作律詩的規則，首起二句不必相對仗，中段四句應互相對仗，後結二句也不講求對仗，這是正格。

不過，在衆多的律詩中，有前六句完全相對的，有後六句完全相對的，也有全詩八句都相對的。唐人杜甫所作〈登高〉一首，便是八句全對律詩：

風急天高猿嘯哀　渚清沙白鳥飛迴
無邊落木蕭蕭下　不盡長江滾滾來
萬里悲秋常作客　百年多病獨登臺
艱難苦恨繁霜鬢　潦倒新停濁酒杯

唐．宗楚客，字叔敖，也有此體，如〈奉和幸安樂公主山莊應制〉詩，也是八句完全對仗，詩曰：

玉樓銀牓枕嚴城　翠蓋紅旗列禁營
日映層巖圖畫色　風搖雜樹管弦聲

水邊重閣含飛動　雲裏孤峯類削成
幸睹八龍游閬苑　無勞萬里訪蓬瀛

杜甫另一首〈憶弟〉，則是八句全對五言律詩：

且喜河北定　不問鄴城圍
百戰今誰在　三年望汝歸
故園花自發　春日鳥還飛
斷絕人烟久　東西消息稀

四〇　八句全不對律詩

律詩中，第二三聯應求對仗，自是正統。至於通篇首尾八句全無對仗者，盛唐詩人有此體。《滄浪詩話》中已有論之。此處舉唐・孟浩然詩爲例（見《孟浩然集》）：

掛席東南望　青山水國遙
軸艫爭利涉　來往接風潮
問我今何適　天台訪石橋
坐看霞色晚　疑是赤城標

又孟浩然〈洛下送奚三還揚州〉，仍是八句全然不講對仗：

水國無邊際　舟行共使風
羨君從此去　朝夕見鄉中
余亦離家久　南歸恨不同
音書若有問　江上會相逢

又李白〈夜泊牛渚懷古〉五律，也是八句全無對仗：

牛渚西江夜　青天無片雲
登舟望秋月　空憶謝將軍
余亦能高咏　斯人不可聞
明朝掛帆去，楓葉落紛紛

又《升菴詩話》卷六有一首〈采蓮曲〉，也是八句全不對仗：

錦帶雜花鈿　羅衣垂綠川
問子今何去　出采江南蓮
遼西三千里　欲寄無因緣
願君早旋反　及此荷花鮮

四一　八句兩變韻詩

八句之中，前四句與後四句不同韻，好似兩首絕句詩。今舉唐人宋之問〈軍中人日登高贈房明府〉詩為例：

幽郊昨夜陰風斷　頓覺朝來陽吹暖
涇水橋南柳欲黃　杜陵城北花應滿
長安昨夜寄春衣　短翮登茲一望歸
聞道凱旋乘騎入　看君走馬見芳菲

詩中「斷、暖、滿」都屬上聲「十四旱」韻。「衣、歸、菲」都屬上平「五微」韻。看似兩首而實是一首。

四二 九句兩韻詩

前段六句是一韻，後段三句變另一韻，通首兩韻。不過在第五句之後，卻用三個字的兩句相接。這三字句的首句與上同韻，自次句起，變換爲另一韻，斯爲轉折之點。以下再用兩句七言收結。這屬於古體詩。

茲以李白〈白紵辭〉作範例，其中前六句「沈、金、音、吟、心」都屬下平「十二侵」韻，後三句「賞、鴦、上」都屬上聲「二十二養」韻，全詩分爲兩韻。原詩曰：

月寒江清夜沈沈
美人一笑千黃金
垂羅霧縠揚哀音
郢中白雪且莫吟
子夜吳歌動君心
動君心

冀君賞
願作天池雙鴛鴦
一朝飛去青雲上

四三　十句五韻詩

此種詩體，每句都用韻，每兩句押一韻，但每兩句卻都換韻，十句用了不同的五韻，自屬另創一格。但創此體者不多，也未講究對仗。茲引徐玄之寫的〈采蓮〉一首作例：

越艷荊姝慣采蓮　蘭橈畫檝滿長川
秋來江水澄如練　映水紅妝如可見
此時蓮浦珠翠光　此日荷風羅綺香
纖手周游不暫息　紅英爛熳殊未極
夕鳥棲林人欲稀　長歌哀怨采蓮歸

詩中「蓮、川」是下平一先韻，「練、見」是去聲十七霰韻，「光、香」是下平七陽韻，「息、極」是入聲十三職韻，而「稀、歸」則是上平五微韻。

四四　排律詩

排律詩是將律詩擴充而成，句數多少不拘，韻數多寡無定，有五言及七言。律詩起於唐代，其時並無排律之名，自元朝楊士宏編《唐音》一書，始列「排律」一目，其起止呼應與長篇古風相同，可以任意鋪排聯句（金聖歎則謂係律詩排之使開，平添四句，得十二句，謂之排律）。其實不一定限爲十二句。這裏舉杜甫的〈上韋左相二十韻〉爲例：

鳳歷軒轅紀　龍飛四十春
八荒開壽域　一氣轉洪鈞
霖雨思賢佐　丹青憶舊臣
應圖求駿馬　驚代得麒麟
沙汰江河濁　調和鼎鼐新
韋賢初相漢　范叔已歸秦
盛業今如此　傳經固絕倫

豫章深出地　滄海闊無津
北斗司喉舌　東方領搢紳
持衡留藻鑑　聽履上星辰
獨步才超古　餘波德照鄰
聰明過管輅　尺牘倒陳遵
豈是池中物　由來席上珍
廟堂知至理　風俗盡還淳
才傑俱登用　愚蒙但隱淪
長卿多病久　子夏索居頻
回首驅流俗　生涯似眾人
巫咸不可問　鄒魯莫容身
感激時將晚　蒼茫興有神
爲公歌此曲　涕淚在衣巾

排律還有長篇，如唐·杜甫的〈秋日夔府詠懷奉寄鄭監審李賓客之芳一百韻〉（杜工部草堂詩話卷三十）。唐·白居易有〈代書詩一百韻寄微之〉（白氏長慶集卷十三〉。又有〈渭村退居寄禮部崔侍郎翰林錢舍人詩一百韻〉（長慶集卷十五）。又〈東南行一百韻〉（長慶集卷十六）。宋・王禹偁有〈謫居感事詩〉一百六十韻（小畜集卷八）。

排律大都是頌揚褒美之詞，要裔皇曲麗，要響切鮮光，要對仗分明，要聲調宏亮，有五言，有七言，大抵是爲侍從、赴宴、應制之作，故又稱「臺閣體」。蓋由於明朝楊士奇、楊榮、楊溥，久處館閣，制誥碑版，多出其手，相率爲博大昌明之體、雍容閒雅之作，以謳歌太平，因此號爲臺閣體。

四五　樂府詩

樂府原是古代民歌，或四言、或五言、亦或七言的古體。要使其音調可以合於弦歌，便於誦唱。它的名稱，有歌、有行、有引、有曲、有謠等等，可說多體俱備。魏文帝曹丕的〈善哉行〉，可作四言樂府的代表：

上山采薇　薄暮苦饑　谿谷多風　霜露沾衣
野雉群雊　猿猴相追　還望故鄉　鬱何壘壘
高山有崖　林木有枝　憂來無方　人莫之知
人生如寄　多憂何爲　今我不樂　歲月如馳
湯湯以流　中行有舟　隨波轉薄　有似客游
策我良馬　被我輕裘　載馳載驅　聊以忘憂

至於李白的〈子夜秋歌〉，則是五言樂府體：

長安一片月　萬户擣衣聲
秋風吹不盡　總是玉關情

何日平胡虜　良人罷遠征

唐開元進士李頎，也有〈古從軍行〉一首七言樂府詩：

白日登山望烽火　黃昏飲馬傍交河
行人刁斗風沙暗　公主琵琶幽怨多
野營萬里無城郭　雨雪紛紛連大漠
胡雁哀鳴夜夜飛　胡兒眼淚雙雙落
聞道玉門猶被遮　應將性命逐輕車
年年戰骨埋荒外　空見葡萄入漢家

宋朝郭茂倩編有《樂府詩集》，凡一百卷。上起陶唐，下迄五代，分爲十二類，網羅賅博，可作圭臬。又唐人段安節撰有《樂府雜錄》，元人胡存善撰有《樂府羣玉》，都可參閱。

四六　全平詩

整首詩裏，完全用平聲字組成，就叫全平詩。由於平聲字多係柔靡之音，故很難寫得好。

唐代陸龜蒙就寫了〈夏日閒居作四聲詩寄皮襲美〉，八句中字字都是平聲。詩云：

荒池菰蒲深　閒階莓苔平
江邊松篁多　人家簾櫳清
爲書淩遺編　調弦誇新聲
求歡雖殊途　探幽聊怡情

陸氏還有另外一首五律，也全用平聲字寫成：

幽棲眠疏窗　豪居憑高樓
浮漚驚跳丸　寒聲思重裘
牀前垂文竿　巢邊登輕舟

雖無東皋田　還生魚乎憂

七言又比五言爲難。馬魯《南苑一知集》中，有〈冬雨〉七絕二首，其中一首是全平詩（另一首是全仄詩，請參閱《全仄詩》章）：

年年冬深寒難支　今茲朝朝東風吹
痴雲陰濃橫層空　淫淋簷前無休時

四七　全仄詩

依據蔡條所撰《西清詩話》記載：宋・晏元獻對梅堯臣說：古人有全用平聲字作詩的，如「枯桑知天風」、「羅衣何飄飄，輕裙隨旋風」都是，但沒見全用仄聲字的詩。梅堯臣爲此就做了一首〈舟中即事〉。宋・嚴羽撰《滄浪詩話校譯》一書中，說此詩題爲〈舟中夜與家人飲〉，全用仄聲字組成：

月出斷岸口　影照別舸背
且獨與婦飲　頗勝俗客對
月漸上我席　暝色亦稍退
豈必在秉燭　此景已可愛

又馬魯《南苑一知集》有〈冬雨〉七絕一首，也是全仄詩：

十月已盡復此雨　幾日不斷濕作苦
草色尚爾遍地綠　木葉半落卻再吐

四八　一句全平一句全仄詩

前述「全平詩」是字字平聲，「全仄詩」是字字仄聲。除此之外，尚有「平仄兩聲詩」，是一句全平，一句全仄。由於平聲多柔，柔則易靡；仄聲多亢，亢則易促；故非能者勢難終篇。唐・陸龜蒙是此中高手，以下所引，都是陸龜蒙所作。

「平上聲詩」——第一三五七單數句都是平聲字，第二四六八雙數句都是上聲字：

（其一）

層雲愁天低　久雨倚檻冷
絲禽藏荷香　錦鯉繞島影
心將時人乖　道與隱者靜
桐陰無深泉　所以遺短綆

（其二）

朝烟涵樓臺　晚雨染島嶼
漁童驚狂歌　艇子喜雅語
山客堪停杯　柳影好隱暑
年華如飛鴻　斗酒幸且舉

「平去聲詩」——第一三五七單數句全是平聲字，第二四六八雙數句全是去聲字：

（其一）
烏蟾俱沉光　晝夜恨暗度
何當乘雲螭　面見上帝愬
臣言陰霾欺　詔用利劍付
廻車誅群姦　自散萬籟怒

（其二）
新開窗猶偏　自種蕙未徧
書籤風搖聞　釣榭霧破見
耕耘閑之資　嘯詠性最便

希夷全天眞　詎要問貴賤

「平入聲詩」——第一三五七單數句都用平聲字，第二四六八雙數句都用入聲字：

（其一）

花簷仍空階　十日滴不歇
青莎看成狂　白菊即欲沒
吳王荒金尊　越妾挾玉瑟
當時離愁霖　亦若惜落日

（其二）

端居愁無涯　一夕髮欲白
因爲鸞章吟　忽憶鶴骨客
手披丹臺文　腳着赤玉舃
如蒙清音酬　若渴吸月液

四九　每句末字全押仄韻詩

正規律詩，只須五句末字押韻（首句起押）、或四句末字押韻（首句不押），即合法度。至若八句末字全押韻，實甚尠少。如八句統押仄韻，更屬罕有。

宋人魏慶之的《詩人玉屑》卷一「詩法第二」章中，有「趙章泉詩法」一節，引了一首八句全押仄韻的詩：

「或問詩法於晏叟，因以五十六字答之云：

問詩端合如何作　欲待學耶毋用學
今一禿翁曾總角　學竟無方作無略
欲從鄙律恐坐縛　力若不加還病弱
眼前草樹聊渠若　子結成陰花自落」

這位別號晏叟的趙章泉先生，指示初習寫詩的人，不用胡亂去學，也沒有方略可循。遵守規律恐會作繭自縛，只須盡心盡力去涵泳體會，褪弱留強，到那時就好比花蕊受粉後，便會結子纍纍慶豐收了。這可要有先天的稟賦和後天的穎悟兩者相輔相成才行。

嚴羽《滄浪詩話》的「詩辨」章也說：「詩有別材，非關書也。」似與晏叟同調，但是，我們可不要藉此就不讀書了。也當聽聽不同的意見：杜甫就說過：「讀書破萬卷，下筆如有神。」崔旭在《念堂詩話》中，便有不同於嚴羽的意見（每句末字全押仄韻），書中記載著說：「朱竹垞有詩曰：

詩篇雖小技　其源本經史
必也萬卷砥　始足供驅使
別材非關學　嚴叟不曉事」

又《摭遺》引有江南李氏〈鉅富〉一首，則也是每句都押去聲「二十六宥」的七言六句仄韻詩：

簾日已高三丈透　金鑪次第添香獸
紅錦地衣隨步皺　佳人舞徹金釵溜
酒惡時拈花蘂嗅　別殿微聞簫鼓奏

五〇 每句中每字同韻四句四韻詩

這是另一種遊戲詩體。每一句中所有的字，都是同一韻目。我們試看唐代皮日休怎樣寫出此種同韻詩：

穿煙泉潺湲
觸竹特觳觫
荒篁香牆匡
熟鹿覆屋曲

這首五絕的第一句全是「下平一先」韻中的字，第二句全是「入聲一屋」韻中的字，第三句全是「下平七陽」韻中的字，第四句全是「入聲一屋」韻中的字，四句四韻，眞是妙造。

五一　每句都嵌相同景物詩

描寫景物時，在每一句詩中，都重覆出現該景物的名字，也不失爲一種強調的手法，可以加深印象。例如無名氏作的〈元宵觀燈〉七律，每句中都有燈有月，亦頗可喜：

一輪明月萬象燈　燈月交輝映鳳城
月色焜煌燈影裏　燈輝閃爍月華中
佳人賞月燈前立　才子觀燈月下行
但願此燈共此月　燈光不滅月常明

明代吳中才子唐伯虎，也依此體寫有《弄月吟花詩》共十二首，茲錄其中四首，每句中都有花月兩字：

（一）

花香月色兩相宜　惜月憐花臥轉遲
月落漫憑花送酒　花殘還有月催詩

隔花窺月無多影　帶月看花別樣姿
多少花前月下客　年年和月醉花枝

（二）

有花無月恨茫茫　有月無花恨轉長
花艷似人臨月鏡　月明如水照花香
扶筇月下分花入　攜酒花前帶月賞
如此好花如此月　莫將花月作尋常

（三）

花發千枝月一輪　天將花月付吟身
權將月主兼花主　暫作花賓與月賓
月下花曾留我酌　花前月不厭人貧
好花好月知多少　吟花咏月有何人

（四）

高臺明月滿花枝　對月看花有所思
今歲月圓花好處　去年花病月昏時

三杯酬月洗花酒　幾首評花品月詩
沉醉欲眠花月下　只愁花月笑人痴

魏慶之《詩人玉屑》卷二・詩評：〈楊誠齋品藻中興諸賢詩〉引有一首〈梅月〉詩，每句中都嵌入「梅月」二字，但只四句：

梅花得月太清生　月到梅花越樣明
梅月蕭疏兩奇絕　有人踏月繞梅行

五二 絕句後三句一韻詩

唐代詩人岑參，與杜甫同時，曾任嘉州刺史，世稱爲岑嘉州，《唐詩三百首》裏有不少作品。他另有一首〈入關先寄秦中故人〉七言絕句，四句都押韻，第一句「黛」字押去聲「十一隊」韻，但第二三四各句「練、見、燕」則全押去聲「十七霰」韻，此亦少見之詩體也。詩云：

秦山數點似青黛　渭水一條如白練
京師故人不可見　寄將兩眼看飛燕

古韻是可以「通轉」的。在去聲裏，依古韻之規則，「隊」可和「寘、未、霽、泰、卦」等六韻通轉。「霰」可和「震、問、願、翰、諫」等六韻通轉。但未見「隊」能與「霰」通轉者。

五三　末句變韻詩

末句變韻法，又稱漏底韻法，亦爲異格。《唐詩三百首》裏刊有李白的〈春思〉一詩，可作例證。詩中「絲、枝、時」都屬上平「四支」韻，末句「幃」則屬上平「五微」韻。原詩曰：

燕草如碧絲　秦桑低綠枝
當君懷歸日　是妾斷腸時
春風不相識　何事入羅幃

但依明．梁橋撰《冰川詩式》說：「『支、微』可以通用。」這在古體詩裏是可以的。對近體詩而言，則規律較嚴，不可逾越。例如「一東、八庚」，音本相類，在今日口語上，雖已無甚分別，卻還不宜混用，也不可逕採現代國語的讀音來自行湊韻（除非做白話詩）。仍應依照前人所編定的《韻書》爲準則，選取同韻中的字來押，否則就叫「落韻」「走了韻」，就是說用錯了韻，這是「押韻八戒」中的第一戒，應該儘量避免。

裴虔餘有一首七絕，用的「衣」「歸」是上平「五微」韻，「垂」則是上平「四支」韻。《苕溪漁隱叢話》便批評他，說：「廣韻、集韻、韻略諸書，垂與歸皆不同韻，此詩爲落韻矣。」（也見《詩人玉屑》卷七），這是第二句變韻，也是落韻之一例，錄供附參。詩曰：

滿額鵝黃金縷衣　翠翹浮動玉釵垂
從教水濺羅襦濕　疑是巫山行雨歸

五四　集句詩

集句詩是採集前人詩中的原有單句，拼組成另一首詩，藉來表達己意。但由於古人寫就的現成句子，不見得全合今時我意，故須廣選慎排，頗不容易。而且，雜集多人的詩句較易，專集一人的詩句甚難。下面引沈守廉〈和人五十自述〉，是集宋人蘇軾詩句而成的：

吾生如寄耳　何必棄溝瀆　吾心淡無累　午飯飽蔬菽
詩書亦何用　五車不再讀　相逢未寒溫　客來不待速
嘆息煙雲老　動與世好逐　後生多名士　吾其返自燭
嗟我與先生　雖時出圭角　誰謂感舊詩　因循隨流俗
乾策數大衍　往事不可復　退居吾久念　人事幾反覆
出處付前定　有子萬事足　雖云老不衰　長生未可學
怪君仁而壽　養火猶未伏　吟君五字詩　風靜響應谷
淵明得此理　張騫移苜蓿　公老我亦衰　相約掛冠服

君看東坡翁　洒掃古玉局　未怕供詩帳　豈須上圖軸
念爲兒童歲　聲價爭場屋　我老何能爲　終勝賈誼哭
誰知去鄉國　有生幾夢覺　老人不解飲　探詩亦頗熟
嗟我樂此鄉　不識無絃曲

五五　聯句詩

聯句詩，至少二人，多係二人以上聯作。聯句亦稱連句，每人作一句，連接成詩。一人連作兩句或四句均可。參與聯句的諸人，非工力悉敵者，必無佳構；非意氣相投者，必無雋語。

漢武帝元封三年，詔群臣有能爲七言者，共作《柏梁臺》，當係聯句之祖。《詩紀》《詩刪》《古詩選》《古詩源》都有此詩，而《古文苑》則名之爲《柏梁臺七言聯句詩》：

日月星辰和四時（漢武帝）　驂駕駟馬從梁來（梁孝王）
郡國士馬羽林材（大司馬）　總領天下誠難治（丞相石慶）
和撫四夷不易哉（大將軍衛青）　刀筆之吏臣執之（內史兒寬）
撞鐘伐鼓聲中詩（太常周建德）　宗室廣大日益滋（宗正劉安國）
周衛交戟禁不時（衛尉路博德）　總領從官柏梁臺（光祿勳徐自爲）
平理清讞決嫌疑（廷尉杜周）　修飾輿馬待駕來（太僕公孫賀）

郡國吏功差次之（大鴻臚壺充國）　乘輿御物主治之（少府王溫舒）
陳粟萬石揚以箕（大司農張成）　徼道宮下隨討治（執金吾中尉豹）
三輔盜賊天下危（左馮翊盛宣）　盜阻南山爲民災（右扶風李成信）
外家公主不可治（京兆尹）　椒房率更領其材（詹事陳掌）
蠻夷朝賀常舍其（典屬國）　柱枅欂櫨相枝持（大匠）
枇杷橘栗桃李梅（大官令）　走狗逐兔張罘罳（上林令）
齧妃女脣甘如飴（郭舍人）　迫窘詰屈幾窮哉（東方朔）

又唐代有三位女性詩人：光、威、裒，也共同作了〈聯句詩〉一首，她們是一人連寫兩句，聯句如下：

朱樓影直日當午　玉樹陰低月已三（光）
膩粉暗銷銀鏤合　借刀閑剪泥金衫（威）
綉牀怕引烏龍吠　錦字愁教青鳥銜（裒）
百味鍊來憐益母　千花開處鬥宜男（光）
鴛鴦有伴誰能羨　鸚鵡無言我自慚（威）
浪喜遊蜂飛撲撲　佯驚孤鵲語喃喃（裒）

偏憐愛數蟣蟯掌　每憶先抽玳瑁簪　（光）
煙洞幾年悲尚在　星橋一夕悵空含　（威）
窗前時節羞虛擲　世上風流笑苦諳　（裒）
獨結香綃偷餉送　暗垂檀袖學通參　（光）
須知化石心難定　卻是爲雲分易甘　（威）
看見風光零落盡　絃聲猶逐望江南　（裒）

五六　和韻詩

和韻詩是依照他人已作成的原詩之韻，另作一首以唱和酬答。和韻有四法：一曰「依韻」，乃是同在一韻中，但不必用其原字。二曰「次韻」，乃是和其原韻，且先後次第皆同，又叫「步原韻」。三曰「用韻」，乃是用其原韻，但不必按其先後次序。四曰「拾其餘韻」，乃是全不用原詩的韻，另找同韻中其餘的新字。

下例是唐朝長安女道士魚玄機（字蕙蘭）對上篇三位才女〈聯句詩〉的〈和韻詩〉，步隨原有的韻，另作新句：

昔聞南國容華少　今日東鄰姊妹三
妝閣相看鸚鵡賦　碧空應綉鳳凰衫
紅芳滿院參差折　綠醑盈杯次第銜
恐向瑤池曾作女　謫來塵世未爲男
文姬有貌終堪比　西子無言我更慚

一曲艷歌琴杳杳　四弦輕撥語喃喃
當臺競鬥青絲髮　對月爭誇白玉簪
小有洞中松露滴　大羅天上柳煙含
但能爲雨心長在　不怕吹簫事未諳
阿母幾嗔花下語　潘郎曾向夢中參
暫持清句魂猶斷　若睹紅顏死亦甘
悵望佳人何處在　行雲歸北又歸南

李白〈登金陵鳳凰臺〉詩，傳係擬崔顥的〈黃鶴樓〉而作，詩云：

鳳凰臺上鳳凰遊　鳳去臺空江自流　吳宮花草埋幽徑　晉代衣冠成古邱
三山半落青天外　二水中分白鷺洲　總爲浮雲能蔽日　長安不見使人愁

宋代郭功甫追次李韻，和詩一首，援筆立成，見《詩人玉屑》卷十八：

高臺不見鳳凰遊　浩浩長江入海流
舞罷青娥同去國　戰殘白骨尚盈邱
風搖落日吹行棹　潮擁新沙換故洲
結綺臨春無處覓　年年荒草向人愁

五七 分韻詩

數人相約賦詩，規定用某某等字爲韻，各人分拈韻字，依韻而賦詩，謂之「分韻」。陸游詩日：「閒話更當茶竈熟。清詩分韻地爐紅。」清人趙翼所撰《陔餘叢考》卷二十三說：「古人聯句，先分韻而後成詩。梁武帝在華光殿聯句，曹景宗後至，詩韻已盡，沈約（字體文）以所餘競、病兩字與之。」

按曹景宗，字子震。南朝梁武帝天監年間，破楊大眼於淮水，振旅凱旋，帝設宴於華光殿，群臣共賀，分韻賦詩，景宗因事後到，其時韻已用盡，只剩「競、病」二字，諸人未取，因爲這兩個仄聲字太冷僻，很難入句也。景宗操筆，即席成詩日：

去時兒女悲　歸來笳鼓競
借問行路人　何如霍去病

梁武帝歎賞不已，進爵曹景宗爲公。

五八　柏梁體詩

柏梁體詩，句數較多，特點是每句都要押韻，且不論句數多長，通首齊押同一韻目，並不轉韻。相傳漢武帝與群臣以七言聯句，作了〈柏梁臺詩〉，全首皆用同一韻，後人因謂此種詩體爲柏梁體（參見本書「聯句詩」章）。

《四庫全書》集部中，《藝文類聚》卷五十六，記有（南朝）梁孝武帝的君臣聯句詩，曰〈華林都亭曲水聯句〉，即是仿效柏梁體。詩云：

九宮盛事予旒纊（孝武帝首吟）
三輔務根誠難亮（揚州刺史臣義恭）
策拙枌鄉慙恩望（南兗州刺史臣誕）
折衝莫效興民謗（領軍將軍臣元景）
侍近衛儲恩踰量（太子右率臣暢）
臣謬叨寵九流曠（吏部尚書臣莊）
喉脣廢職方思讓（侍中臣偃）

明筆直繩天威諒（御史中丞顏師伯）

宋代蘇軾，也依柏梁體，寫成〈潮州韓文公廟題辭〉以頌韓愈，乃係一人之作，而非聯句。詩云：

公昔騎龍白雲鄉　手扶雲漢分天章　天孫爲織雲錦裳
飄然乘風來帝旁　下與濁世掃粃糠　西遊咸池略扶桑
草木衣被昭回光　追逐李杜參翱翔　汗流籍湜走且僵
滅沒倒影不能望　作書詆佛譏君王　要觀南海窺衡湘
歷舜九嶷弔英皇　祝融先驅海若藏　約束蛟鱷如驅羊
鈞天無人帝悲傷　謳吟下招遣巫陽　爆牲鷄卜羞我觴
於餐荔丹與蕉黃　公不少留我涕滂　翩然被髮下大荒

此詩起五句言誕降之奇，續五句言文章之美，又五句言事業之隆，末六句言報享之厚。每句都押韻，且通首全押一韻。

另有「長慶體」，則是每四句轉韻，不但押平聲韻，也押仄聲韻。這是由於唐代元稹、白居易二人詩格相類，所編的詩集，都在唐朝長慶年間（唐穆宗時代）故詩集名長慶集，詩體名長慶體。白居易的〈長恨歌〉可作代表。此詩人人能誦，因篇幅太長，未予引錄。（最長的詩，當是沈歸愚所說：「孔雀東南飛一詩，共一七八五字，古今第一長詩也。淋淋漓漓，反反覆覆，雜述十數人語，而各有其聲音面目，豈非化工之筆？」）

五九　蜂腰體詩

律詩要講對仗，這是既定體制，衆當謹守。但是宋代魏慶之撰《詩人玉屑》卷二，卻引有一段例外，原文說：「頷聯無對偶，然是十字敍一事，而意貫上二句。及頸聯，方對偶分明，謂之蜂腰格，言若已斷而復續也。」該書舉賈島的〈下第〉詩爲例：

下第唯空囊　如何住帝鄉
杏園啼百舌　誰醉在花傍
淚落故山遠　病來春草長
知音逢豈易　孤棹負三湘

六〇　偷春體詩

《詩人玉屑》卷二說：「其法、頷聯雖不拘對偶，疑非聲律，然破題已的對矣（是說起首的兩句已經的確是對偶句了），謂之偷春格。言如梅花偷春色而先開也。」該書引杜子美的〈寒食月〉詩以證。詩云：

無家對寒食　有淚如金波
斫卻月中桂　清光應更多
仳離放紅蘂　想像嚬青娥
牛女漫愁思　秋期猶渡河

這是第一二兩句已先是對偶句了，那第三四兩句不對也無妨，便叫「偷春」。不過，偷春體和蜂腰體，都是異格，出之於杜甫賈島等高人之手，不但論者不敢挑剔，反而會佩服他們的變化之妙。但吾輩淺學者，似乎不可效顰。假如硬要婢學夫人，只恐畫虎類犬，弄巧反拙，不宜嚐試，仍以遵正格才是。

六一　蟬聯體詩

長詩句數多，可以將若干句子視爲同一個意組，形成若干個段落，整篇按段落便可分爲若干「章」。

如果在前章末句與次章起句的鄰接之時，使用相同的字將這兩句重複聯串起來，以示詩意銜接，便叫蟬聯格。

七步捷才曹植，有《曹子建集》，已入《四庫全書》，在其卷五中，有一首〈贈白馬王彪〉長詩，共六十八句，三百四十字（被稱爲「我馬玄以黃」詩）。全詩我們可將它分爲六章，因太長，只能節錄每章的首尾聯，以作爲蟬聯詩寫法的例證如下：

謁帝承明廬　逝將歸舊疆

（本章共十八句，中略）

修坂造雲日　我馬玄以黃（第一章末句）

＊（爲利辨識，暫作分隔，下同）

玄黃猶能進　我思鬱以紆（玄黃蟬聯）
（本章共十二句，中略）
欲還絕無蹊　攬轡止踟躕（第二章末句）

*

踟躕亦何留　相思無終極（踟躕蟬聯）
（本章共十二句，中略）
感物傷我懷　撫心長太息（第三章末句）

*

太息將何爲　天命與我違（太息蟬聯）
（本章共十四句，中略）
自顧非金石　咄唶令心悲（第四章末句）

*

心悲動我神　棄志莫復陳（心悲蟬聯）
（本章共十二句，中略）
倉卒骨肉情　能不懷辛苦（第五章末句）

＊

辛苦何慮思　天命信可疑（辛苦蟬聯）

（本章共十二句，中略）

收淚即長路　援筆從此辭（第六章結）

六二　進退韻詩

嚴羽《滄浪詩話》「詩體」之五說：「有轆轤韻者，有進退韻者。」黃朝英《古本湘素雜記》「進退格」說：「鄭谷與僧齊己（均唐人）等，共定詩格云：凡詩用韻有數格：一曰葫蘆、一曰轆轤、一曰進退。葫蘆韻者，先二後四；轆轤韻者，雙出雙入；進退韻者，一進一退。失此則謬矣。

「余按《倦遊錄》載唐介（字子方，宋人）爲臺官（有似監察諫官），廷疏宰相之失（當朝奏劾宰相失職），仁廟（皇上）怒，謫英州別駕。朝中士大夫以詩送行者頗衆。獨李師中（字誠之）一篇爲人傳誦。詩曰：

孤忠自許衆不與　獨立敢言人所難
去國一身輕似葉　高名千古重於山
並游英俊顏何厚　未死姦諛骨已寒
天爲吾君扶社稷　肯教夫子不生還

「此正所謂《進退格韻》也。按《韻略》：難字第二十五，山字第二十七，寒字又在二十五，而還字又在二十七，一進一退，誠合體格。近閱《冷齋夜話》，謂爲落韻詩，蓋不明進退之說者也。」

這是說：難是上平十四寒韻，山是上平十五刪韻，寒又進到上平十四寒，還又退到上平十五刪。一進一退，兩韻間押，便叫《進退韻格》，是合於法度的。不過，如今知道此格的人不多，自也不必強學。

至於另外一種「轆轤體詩」，那只適用於五言或七言律詩，首句且須押韻，還要用同韻一連寫出五首。其特點是第一首的第一句，要一字不改的用於第二首的第二句，然後依順序連續用作第三首的第四句、第四首的第六句、和第五首的第八句。也就第一首的起句依序嵌入各首詩中，最後與第五首的末句相同。這五首詩的韻節好似轆轤般的旋轉而下，故謂爲轆轤體。此亦古人搬弄文字之餘事，爲避免冗長，免予舉例。

六三　倒押韻詩

清代黃之雋，撰有《香屑集》，已入《四庫全書》集部。他寫了一首〈無題詩〉（內容卻是香奩體），全詩共二十八句，全押平聲「十一眞」。巧的是，他又再予發揮，重作一首，把前一首〈無題詩〉的韻，按序顚倒過來重押。他不但「步其原韻」，並且「倒押前韻」。茲並錄之，以供共賞。

順韻詩曰：

水香甘似醴　芳靄遠如塵
久雨巫山暗　餘霞洛浦晨
雲鬟方自照　粉澤更宜新
只待纖纖手　如生小小眞
露濃牀面濕　風動翠娥顰
步步承羅襪　悠悠思錦輪
雙眉初出繭　比目定爲鱗

玉漏三星曙　金閨二月春
錦江元過楚　花洞不知秦
前對芙蓉沼　斜臨楊柳津
應知窗下夢　莫愛橐中珍
波動疑釵落　池平見月勻
可憐傾國艷　本自細腰人
阮籍蓬池上　應休別臥鄰

倒押前韻（自後向前，倒反押韻）詩曰：

越艷誰家女　風光動四鄰
鳥喧金谷樹　花伴玉樓人
粉汗紅綃拭　朱唇素指勻
必投潘岳果　休獻楚王珍
惆悵桃源路　徘徊楊柳津
雨臺誰屬楚　湍水不流秦
倚樹疑無力　開簾似有春

遞香風細細　逐溜影鱗鱗
試出褰羅幌　無令掩桂輪
寸心寧有負　雙黛儼如顰
能助千金笑　方知一玉眞
月華偏共映　花態併添新
翠羽雖成夢　金鷄忽報晨
遊蜂與蝴蝶　飛作馬蹄塵

六四 疊字詩

每一句中都有疊字（多數是形容詞），而且每一聯中的疊字位置都相同，有互爲對應的美感。

〈古詩十九首〉的作者，或謂江淹，或謂枚乘，或謂傅毅，但《昭明文選》經蕭統考證後一概存疑，衹說是「無名氏」之作，且非成於一人一時。其中第二首計十句，前六句曰：

青青河畔草　鬱鬱園中柳
盈盈樓上女　皎皎當窗牖
娥娥紅粉妝　纖纖出素手

這〈古詩十九首〉的第八首也是十句，其中六句，句句同樣以疊字冠首，同樣的極顯自然，且覺情景如畫：

迢迢牽牛星　皎皎河漢女
纖纖擢素手　札札弄機杼

盈盈一水間　脈脈不得語

唐代詩僧寒山子，在他的寒山詩集中，也多有疊字詩。寒山作詩無題，因以首句代題。茲舉三首，第一首是〈杳杳寒山道〉：

其一

杳杳寒山道　落落冷泉濱
啾啾常有鳥　寂寂更無人
淅淅風吹面　紛紛雪積身
朝朝難見日　歲歲不知春

其二

獨坐常忽忽　情懷何悠悠
山腰雲縵縵　谷口風颼颼
猿來樹嫋嫋　鳥入林啾啾
時催鬢颯颯　歲盡老惆惆

其三

急急忙忙苦追求　寒寒冷冷度春秋

朝朝暮暮營生計　悶悶昏昏轉老頭
是是非非何日了　煩煩惱惱幾時休
明明白白康莊路　萬萬千千不肯由

他將雙疊字嵌入第一首每句的句端，又變換嵌入第二首每句的句尾，更連用兩組四個雙疊字嵌入第三首每句的句頭，這第三首竟用了十六組三十二個疊字，運用極爲靈活。

又有宋人鄭思肖，字所南。他就是那位宋亡之後，畫蘭不畫土，說「國已亡，何有土」的人。他的〈錦錢詩〉中有兩句云：

逢人但許頻點頭　好好好好好好好

他連續在一句裏下七個好字，可能是曠古絕今了。

此外，宋代王十朋，也有一首〈貢院垂成雙蓮呈瑞勉諸士子〉五律：

大廈垂垂就　佳蓮得得開
雙雙戴千佛　兩兩應三台
歡意重重合　香風比比來
人人宜自勉　濟濟有廷魁

右詩第一二五六句，都將三四位置的兩個字重疊；而第三四七八句，改為第一二位置的兩個字重疊，極富變化之美。

又今人朱沛耕也有一首〈六二賤辰自況〉效顰：

碌碌硜硜六二秋　狂狂狷狷半生牛
場場坎坎坷坷境　莫莫蒙蒙苟苟蒐
諤諤諍諍言讜讜　慇慇懇懇意悠悠
稜稜傲骨崚崚聳　漫漫頑心慢慢收

六五　兩韻詩

雙數句子固然是同押一韻，單數句子也要都押另外一韻。因此整首詩押了兩個韻，這便是「兩韻詩」。唐末章碣有一首〈秋江〉是這樣的：

東南路盡吳江畔　正是窮愁暮雨天
鷗鷺不嫌斜雨岸　波濤欺得送風船
偶從島寺停帆看　深羨漁翁下釣眠
今古若論英達算　鴟夷高興固無邊

詩中第一三五七的單數句，都同押一韻（去聲十五翰）。第二四六八的雙數句，都一齊押另一韻（下平聲一先）。詩中有畫，寫景生動。（見蔡寬夫《詩話》）

六六　數字詩

吾人熟知的一首數字詩是「一去二三里，煙村四五家，樓臺六七座，八九十枝花。」雖然廿字之中，有十個數字，但頗俚俗。《藝文類聚》中，有南朝宋人鮑照（字明遠，有《鮑參軍集》）從一到十的〈數名詩〉曰：

一身仕關西　家族滿山東
二年從君駕　齋祭甘泉宮
三朝國慶畢　休沐還舊邦
四牡曜長路　輕蓋若飛鴻
五侯相餞送　高會集新豐
六樂陳廣坐　組帳揚春風
七盤起長袖　庭下列歌鐘
八珍盈彫俎　綺肴紛錯重
九族咸瞻遲　賓友仰徽容

十載學無就　善官一朝通

南北朝梁・范雲也有一首〈數名詩〉曰：

一鼓有餘氣　趫勇正紛紜
二廣無遺略　雄虎自爲群
三河尚擾擾　循櫓起槓楹
四巡駐青蹕　瘞玉曠亭云
五十又舒旆　旗幟日繽紛
六郡良家子　慕義輕從軍
七獲美前載　克俊嘉昔聞
八音佇繁律　將以安司勳
九命既斯復　金壁固宜分
十難康有道　延首望卿雲

至於七言四句的數字詩，尚有揚州八怪之一的鄭板橋，他有一首〈詠雪〉詩云：

一片二片三四片　五片六片七八片

九片十片千百片　飛入梅花都不見

還有明代唐伯虎，有一首〈登山詩〉，也是頗具有異趣的數字詩：

一上一上又一上　一上直到高山上
舉頭紅日白雲低　四海五湖皆一望

唐人王建，更靈巧地在〈雜詩〉七言四句中，一口氣用了八個「一」字：

一東一西壟頭水　一聚一散天邊霞
一來一去道上客　一顛一倒池中麻

兩句中，同一個數字各重現三次的，尚有李白的〈宣城見杜鵑花〉七絕：

蜀國曾聞子規鳥　宣城還見杜鵑花
一叫一回腸一斷　三春三月憶三巴

清代王士禛，別號漁洋山人，順治進士，乾隆帝賜名士禎。詩爲一代宗匠，與朱彝尊齊名，有《漁洋詩文集》。他少時，有〈秋江獨釣〉七絕一首，用了九個一字：

一蓑一笠一扁舟　一丈綸絲一寸鈎
一曲高歌一樽酒　一人獨釣一江秋

六七　吃語詩

講話口舌打結，說不清楚，叫口吃。有人故意寫出一些「拗口令」，彙集若干雙聲疊韻的句子（參閱本書第八十二章），使人急速之間，難以唸出，又叫繞口令。《詩體明辨》卷十六，有〈吃語詩〉，刻意爲難口吃之人。茲引唐・姚合〈洞庭葡萄架〉一首。例如首句「葡萄洞庭頭」，如以注音符號來標音，乃是「ㄊㄠˊㄊㄠˊㄉㄨㄥˋㄊㄧㄥˊㄊㄡˊ」，全是拗口的舌尖音，似是故意叫人唸來詰屈聱牙以爲趣罷：

萄藤洞庭頭
引葉漾盈搖
皎潔鈎高掛
玲瓏影落寮
陰烟壓幽屋
濛密夢冥苗

清秋青且翠
冬到凍都凋

宋代大文豪蘇軾也有一首七律〈西山戲題武昌王居士〉，同是吃語詩（見《漫叟詩話》）：

江干高居堅關扃
犍耕躬稼角挂經
篙竿繫舸菰茭隔
笳鼓過軍雞狗驚
解襟顧影各箕踞
擊劍賡歌幾舉觥
荊笄供膾愧攪聒
乾鍋更戛甘瓜羹

六八　拗句詩

此種體法，乃是在應當用平聲字的位置上，改以仄聲字替換。也就是說，寧可改變其平仄，來遷就文字，使得詩的氣勢，挺然不群。苕溪魚隱曰：此體蓋出於杜甫李白。

下面是李白〈登廬山五老峯〉七絕拗句：

廬山東南五老峯　青天削出金芙蓉
九江秀色可攬絕　吾將此地巢雲松

唐代詩人高適，有《高常侍集》行世。他的一首〈同群公題張處世菜園〉詩，乃是五絕拗句：

耕地桑柘間　地肥菜常熟
爲問葵藿資　何如廟堂肉

詩聖杜甫的一首〈題省中院壁〉，則是七律拗句：

掖垣竹埤梧十尋　洞門對雪常陰陰

落花游絲白日靜　鳴鳩乳燕青春深
腐儒衰晚謬通籍　退食遲回違寸心
衮職曾無一字補　許身媿比雙南金

黃山谷（庭堅）也有一首拗句詩（見《詩人玉屑》卷之二）：

只今滿坐且尊酒　後夜此堂空月明
清談落筆一萬字　白眼舉觴三百盃
田中誰問不納履　坐上適來何處蠅
鞦韆門巷火新改　桑拓田園春向分

六九 促句詩

促句詩，平仄不必嚴謹，以三句轉韻，《詩人玉屑》稱之為「促句法」。此體轉換不靈便顯呆滯，用詞不雅便落粗俗，也不容易寫。下引清代宋筠的〈悲秋〉一首：

江南秋色摧煩暑　夜來一枕芭蕉雨　家在江頭白鷗浦
一生未歸鬢如織　傷心日暮楓葉赤　偶然得句應題壁

此詩「暑、雨、浦」為一韻，「織、赤、壁」為一韻。詩意三句一段，六句六轉，面面俱到。

又有一首：

蘆花如雪洒扁舟　正是滄江蘭杜秋　忽然驚起散沙鷗
平生生計如轉蓬　一身長在百憂中　鱸魚正美負秋風

此詩「舟、秋、鷗」為下平十一尤韻，「蓬、中、風」為上平一東韻。也是三句一換韻。

促句詩三句一換韻，也有作三疊的。宋代黃魯直〈觀伯時畫馬〉，便是一疊三句，全詩三疊共九句，詩曰：

儀鸞供帳饕蝨行　翰林濕薪爆竹聲　風簾官燭淚縱橫
木穿石槃未渠透　坐窗不遨令人瘦　貧馬百嚙逢一豆
眼明見此玉花驄　徑思着鞭隨詩翁　城西野桃尋小紅

宋人魏慶之《詩人玉屑》卷二也引魚隱一首：

青玻璃色瑩長空　爛銀盤挂屋山東　晚涼徐度一襟風
天分風月相管領　對之技癢誰能忍　吟哦自恨詩才窘
掃寬露坐發興新　浮蛆琰琰拋青春　不妨與醆成三人

七〇 扇對詩

此種扇對詩格，是第一句和第三句對，第二句和第四句對，故又可稱爲「隔句對」。

如唐杜少陵甫〈哭臺州司戶蘇少監〉五絕詩云：

得罪臺州去　時危棄碩儒
移官蓬閣後　穀貴歿潛夫

又如唐人鄭都官（鄭谷）有〈寄裴晤員外〉七絕詩曰：

昔年共照松溪影　松折碑荒僧已無
今日還思錦城事　雪銷花謝夢何如

明人謝榛撰的《四溟詩話》卷四，有一首江淹〈貽袁常侍〉五絕，也是隔句相對的扇對格：

昔我別秋水　秋月麗秋天
今君客吳坂　春日媚春泉

七一 諷嘲詩

竹是雅物，詩人多詠誦其虛心勁節。七賢六逸，先後都與竹爲伍。它和松梅並稱三友，又與梅蘭菊合稱四君子。因有「無竹令人俗」的名句。但亦有反諷者吟曰：

竹似僞君子　外堅中卻空
根細常鑽穴　腰柔慣鞠躬
成群能蔽日　獨立不禁風
文人多愛此　聲氣想相同

《全唐詩話》卷一，有長孫無忌（唐太宗文德皇后之兄，佐太宗定天下），寫詩一首，諷嘲歐陽詢（唐代學士，《藝文類聚》便是他撰的，但貌甚醜）形狀猥陋，連唐太宗聞之都忍俊不禁，但未免太謔了，詩曰：

聳髆成山字　埋肩畏出頭
誰令麟閣上　畫此一獼猴

唐人李商隱作詩好用僻典，不易索解。宋代楊億、劉筠、錢淮演等人效之，又將各人之詩合爲一集，名曰《西崑酬唱集》，就是「西崑體」。但詩意奧而難懂。金人元好問（號遺山）有《論詩》一首嘲之曰：

望帝春心托杜鵑　佳人錦瑟怨華年
詩家總愛西崑好　獨恨無人作鄭箋

相傳有一窮秀才，借宿寺院，住持怠慢。臨去，索詩。秀才即席揮贈七絕一首，住持喜，懸於禪堂，不知係嘲己也。詩云：

一夕靈光透太虛　化身人去復何如
愁來不用心頭火　煉得凡心一點無

後經識者指破，住持才急遽取下，蓋第二句「化」字去「人」，剩下「匕」字，和第一句「一」「夕」相合，乃成「死」字。第三句「愁」字不用「心」「火」，僅剩「禾」字，第四句「凡」字無點，便餘下「几」字；「禾」與「几」合，乃是「禿」字。此詩妙在看似空靈，了無痕跡，實隱「死禿」在內，暗嘲住持也。

七二　減肥詩

唐人杜牧，人稱小杜，有七絕〈清明〉，收入《千家詩》中。詩曰：

清明時節雨紛紛　路上行人欲斷魂
借問酒家何處有　牧童遙指杏花村

此詩衆所熟知。卻有人說：何須用這多贅字？佳節有雨，豈限清明？任何節日都可符合此詩之情境，一也。既是行人，必在路上，用詞不必重覆，二也。何處有酒？已含問意，三也。遙指前村，即是回答；當時係即興而問，答者毋須僅指牧童，倘不予指明，當更顯開闊瀟灑，四也。因而論者主張減肥，就是給它服劑瀉藥，把七絕縮減爲五絕：

時節雨紛紛　行人欲斷魂
酒家何處有　遙指杏花村

宋代蘇軾（蘇東坡）遊廬山，與一和尚徹夜談佛。次日，蘇軾有感而發，寫了一首七絕：

溪聲便是廣長舌　山色豈非清淨身（廣長舌出法華經，清淨身出俱舍論）
夜來八萬四千偈　他日如何舉示人

這詩被另一和尚看到了，說：「怎麼如此囉嗦？癡肥應該消掉。」當即刪為五絕：

溪聲廣長舌　山色清淨身
八萬四千偈　如何舉示人

又被一個和尚看到了，他說：「何須這樣囉嗦？只要減縮成兩句就可以了。」因刪減為：

溪聲八萬四千偈　山色如何舉示人

最後，又有一個和尚看到，他說：「怎的這般囉嗦？要是我，只消大喝一聲，不就得了？」

宋・柳宗元（子厚）有〈漁翁〉一首，原詩云：

漁翁夜傍西岩宿　曉汲清湘燃楚竹
烟消日出不見人　欸乃一聲山水綠
回看天際下中流　巖上無心雲相逐

蘇東坡說：「此詩有奇趣。然尾兩句雖不必亦可。」《滄浪詩話》說：「柳子厚此詩，東坡欲刪去後二句，使子厚復生，亦必心服。」蓋以「欸乃一聲山水綠」的奇句作結，不僅「餘情不盡」，而且「奇趣」更顯。末兩句既是蛇足，或係可有可無之句，割愛刪減也無妨，且岩巖也似重複了。

七三　增胖詩

民間流傳一首五絕，敍述四樁喜事：

久旱逢甘雨　他鄉遇故知
洞房花燭夜　金榜掛名時

好事者挑剔說：「久」是多長？十天？半月？哪能算太久？「他鄉」是何處？隔縣？鄰省？怎可謂爲遠離？「洞房」裏新娘若是醜女，「花燭夜」豈有歡樂？倘遲至耄耋才名登「金榜」，何來大喜？因此每句都該增肥，就是要服補藥，將五絕變爲七絕：

十年久旱逢甘雨　千里他鄉遇故知
美女洞房花燭夜　少年金榜掛名時

質言之，絕詩有四忌：一、忌可加可減：五絕加二字可成七絕，七絕減二字可爲五絕。二、忌可多可少：一意分爲四句，四句可歸一意。三、忌可彼可此：詠桃花可移而詠菊花，詠清明可移而詠中秋。四、忌可上可下：第一句與第四句平仄相同，若無層次，上下可以互換。依此而論，則本篇和上篇，似都犯了第一和第三忌。

再說「四忌」中的「忌可彼可此」，尚有一則趣談，宋人魏泰《東軒筆錄》云：「程師孟知洪州，於府中作一靜室，自愛之，無日不到，作詩刻石曰：

每日更忙須一到
夜深長是點燈來

李元規見而笑曰：『此乃是登溷之詩也』。」這兩句詩，程師孟原是描寫那幽靜的書房，卻祇是泛泛着筆，移而用之於上廁所，誰曰不宜？以此而招誚，這便是犯了「可彼可此」之忌。

又有一例：《歐公詩話》說：詩句義格雖通，若語涉淺俗，亦其病也。如某人有句云：

晝日覓不得
有時還自來

本是說詩的好句難尋，偶或聰靈閃現而悟到妙詞之意。但也可以另作解釋說貓兒走丟了，尋不到，不尋時貓又回來了，豈不也犯「可彼可此」之失乎？

七四 回文詩

順唸固然是詩，倒讀仍然成詩，叫「回文詩」，這就太不容易了。提到回文詩，當以「璇璣圖」爲最有名。

前秦苻堅時代，秦州刺史竇滔之妻蘇蕙，才思超絕。竇滔調職襄陽，攜寵妾赴任，斷妻音問。蘇氏自傷，因織錦爲回文，題詩二百餘首，縱橫反覆，皆成章句，才情之妙，邁古超今，名曰「璇璣圖」。然旁人未能悉通，蘇氏笑曰：「徘徊宛轉，自爲語言，非我佳人，莫之能解。」遂送襄陽，滔覽而感之，邀迎蘇氏。見《四庫全書》集部第八。唐武則天曾撰《璇璣圖序》，明康萬民曾撰《璇璣圖詩讀法》。

這個璇璣圖，方形，横直各行排滿二十九個字，共八百多字，字分五色，以利三五七言之識別，因甚繁複，未能製版納入本書。據宋代桑世昌說：可以環周順反讀，可以退一字讀，更可以縱橫反覆，或自四角斜讀，不但回文而已也。經元明以來研究，謂可得詩四千多首，眞是妙極。

聰敏的文人，喜歡向難事挑戰，因之回文詩各代都有。《藝文類聚》卷五十六，便有多首。下面是湘東王後園作的〈回文詩〉：

（順讀）斜峯繞徑曲　聳石帶山連
花餘拂戲鳥　樹密隱鳴蟬

（倒讀）蟬鳴隱密樹　鳥戲拂餘花
連山帶石聳　曲徑繞峯斜

梁簡文帝曾有〈和湘東王後園迴文詩〉云：

（順讀）枝雲間石峯　脈水侵山岸
池清戲鵠聚　樹秋飛葉散

（倒讀）散葉飛秋樹　聚鵠戲清池
岸山侵水脈　峯石間雲枝

宋人王安石也有〈無題〉回文詩一首：

（順讀）碧湖平野曠　黃菊晚村深
客倦留酣飲　身閒累苦吟

（倒讀）吟苦累閒身　飲酣留倦客

深村晚菊黃　曠野平湖碧

宋代劉過的〈雨後〉一首，也是五言回文詩：

（順讀）綠水池光冷　青苔砌色寒
竹深啼鳥亂　庭暗落花殘
（倒讀）殘花落暗庭　亂鳥啼深竹
寒色砌苔青　冷光池水綠

另在《全齊詩》卷二裏，刊有南朝齊人王融〈春遊〉一首，這是與衆不同的五言十句回文詩：

（順讀）枝分柳塞北　葉暗榆關東
垂條逐絮轉　落蕊散花叢
池蓮照曉月　幔錦拂朝風
低吹雜綸羽　薄粉艷妝紅
離情隔遠道　歎結深閨中
（倒讀）中閨深結歎　道遠隔情離
紅妝艷粉薄　羽綸雜吹低

風朝拂錦幔　月曉照蓮池
叢花散蕊落　轉絮逐條垂
東關榆暗葉　北塞柳分枝

至於七言，也有回文。徐權作了咏四時的回文詩四則，今僅錄〈詠秋〉七絕一首：

（順讀）紅飄亂葉樹連枝　雨着疏花菊遶籬
蓬轉恨多饒白髮　鴻歸數處寄新詩
（倒讀）詩新寄處數歸鴻　髮白饒多恨轉蓬
籬遶菊花疏着雨　枝連樹葉亂飄紅

大文豪蘇軾也寫過一首〈題織錦圖回文〉詩，同樣工巧：

（順讀）春晚落花餘碧草　夜涼低月半梧桐
人隨雁遠邊城暮　雨映疏簾繡閣空
（倒讀）空閣繡簾疏映雨　暮城邊遠雁隨人
桐梧半月低涼夜　草碧餘花落晚暮

名小說《今古奇觀》第三十四卷中，也有孟沂與薛濤唱和的四時回文詩，可以同觀。（田孟沂係明代人，卻與唐代妓鬼薛濤互爲吟唱，諒係作者藉他人以寄己意）薛濤四首列下：

春（順）花朵幾枝柔傍砌　柳絲千縷細搖風
霞明半嶺西斜日　月上孤村一樹松

（逆）松樹一村孤上月　日斜西嶺半明霞
風搖細縷千絲柳　砌傍柔枝幾朵花

夏（順）涼回翠簟冰人冷　齒漱清泉夏月寒
香篆嫋風清縷縷　紙窗明月白團團

（逆）團團白月明窗紙　縷縷清風嫋篆香
寒月夏泉清漱齒　冷人冰簟翠回涼

秋（順）蘆雪覆汀秋水白　柳風凋樹晚山蒼
孤幃客夢驚空館　獨雁征書寄遠鄉

（逆）鄉遠寄書征雁獨　館空驚夢客幃孤
蒼山晚樹凋風柳　白水秋汀覆雪蘆

冬（順）天凍雨寒朝閉户　雪飛風冷夜關城

鮮紅炭火圍爐暖　淺碧茶甌注茗清

（逆）清茗注甌茶碧淺　暖爐圍火炭紅鮮

城關夜冷風飛雪　戶閉朝寒雨凍天

孟沂「步原韻」的四首則只錄順讀，請閱者自行逆讀：

春（順）芳樹吐花紅過雨　入簾飛絮白驚風

黃添曉色青舒柳　粉落晴雲雪覆松

夏（順）瓜浮甕水涼消暑　藕疊盤冰翠嚼寒

斜石近階穿筍密　小池舒葉出荷團

秋（順）殘石絢紅霜葉出　薄煙寒樹晚林蒼

鸞書寄恨羞封淚　蝶夢驚愁怕念鄉

冬（順）風捲雪蓬寒罷釣　月輝霜柝冷敲城

濃香醴泛霞杯酒　淡影梅橫紙帳清

至於七律回文詩，字數較七絕多了一倍，還須講求對仗，規格更爲嚴謹，要寫成回文，自當倍增困難，若非高手，哪敢下筆一試？下面這首〈龜山迴文〉七律，不論平仄對仗，無字不妥，寫情寫景，無字不圓，順逆讀來，都極佳妙。

作者爲明代周知微（一說是晚唐徐寅、一說是蘇東坡題金山寺）。詩曰：

（順讀）潮廻暗浪雪山傾　遠浦漁舟釣月明
橋對寺門松徑小　檻當泉眼石波清
迢迢綠樹江天曉　靄靄紅霞海日晴
遙望四邊雲接水　碧峯千點數鷗輕

（逆讀）輕鷗數點千峯碧　水接雲邊四望遙
晴日海霞紅靄靄　曉天江樹綠迢迢
清波石眼泉當檻　小徑松門寺對橋
明月釣舟漁浦遠　傾山雪浪暗廻潮

旅美學人湘籍周策縱教授，多年前，曾用「字字廻文體」，寫成〈星島紀遊〉五絕。他將這首詩的二十個字，排成一個圓圈，無首無尾，如下圖：

此詩可以從任何一字起，向任何一方向讀去。順旋讀之可得二十首，廻旋

讀之又得二十首。茲摘錄從「斜」字起讀，順旋一首如下：

斜舟繞亂沙　白岸晴芳樹
椰幽島艷華　月淡星荒渡

又摘錄從「白」字起讀，反旋唸之，得一首如下：

白沙亂繞舟　斜渡荒星淡
月華艷島幽　椰樹芳晴岸

宋代錢惟治，有一首〈春日登大悲閣詩〉，全首二十個字，無論自何字開始，可以連環讀、反覆讀，都成詩，都押韻。也排成圓圈如左圖（《滄浪詩話》稱它爲「反覆體」）：

試從「碧」字開始，右轉讀之如下：

碧天連過閣　晴雪點山屏
夕煙侵冷箔　明月斂閑亭

又如從「碧」字開始，左轉讀之如下：

碧亭閑斂月　明箔冷侵煙
夕屏山點雪　晴閣過臨天

下面另有一首回文詩，因每個字都能起讀，故仍圍成圓圈。題目是〈無題〉，作者一說是陸龜蒙，一說是王融，我們只要欣賞它的奧趣就好了。

圖示如下：

試從任一字開始，連環迴繞，反覆可成詩數十首。例如從「樹」字起，依反時鐘方向唸：

樹碧臨煙靜　舟行對月寒
戍極侵天冷　樓晴背雪殘

又如從「月」字起，順時鐘唸：

月對行舟靜　煙臨碧樹殘
雪背晴樓冷　天侵極戍寒

另一種形式的回文，叫〈擬織錦圖〉詩，收入了《四庫全書》。兩首圖形見下頁。一首爲裴遹作，一首爲宋儒孫明復作。要跟著句子的方向，起伏轉折唸去。都是從左上角起讀，循由頂排橫行，轉到右邊直行，再一行接一行向左推進，猶如巧梭織布一樣。讀完菱形斜紋小字之後，接讀花格中的大字終篇。裴詩長而孫詩短，爲節篇幅，僅舉孫詩全文如下（共四十句，二百八十字）：

君承皇詔安邊戍　送君遠別河橋路　含悲掩淚贈君言　莫忘恩情便長去
何期一去音信斷　遣妾屏幃春不暖　璠瑤階下碧苔生　珊瑚帳裏紅塵滿
此時道別每驚魂　將心何托更逢君　一心願作滄海月　一心願作嶺頭雲
嶺雲歲歲逢夫面　海月年年照得徧　飛來飛去到君旁　千里萬里遙相見
迢迢路遠關山隔　恨君塞外長爲客　去時送別蘆葉黃　誰悟已經柳花白
百花散亂逢春早　春意催人向誰道　垂楊滿地爲君攀　落花滿地無人掃
庭前春草正芬芳　抱得秦箏向畫堂　爲君彈得江南曲　附寄情深寄朔方
朔方迢迢山難越　萬里音書長斷絕　銀妝枕上淚沾衣　金縷羅裳縫皆裂
三春鴻雁渡江聲　此時離人斷腸情　箏弦未斷腸先斷　怨結先成曲未成
君今憶妾重如山　妾亦思君不暫閒　織將一本獻天子　願放兒夫及早還

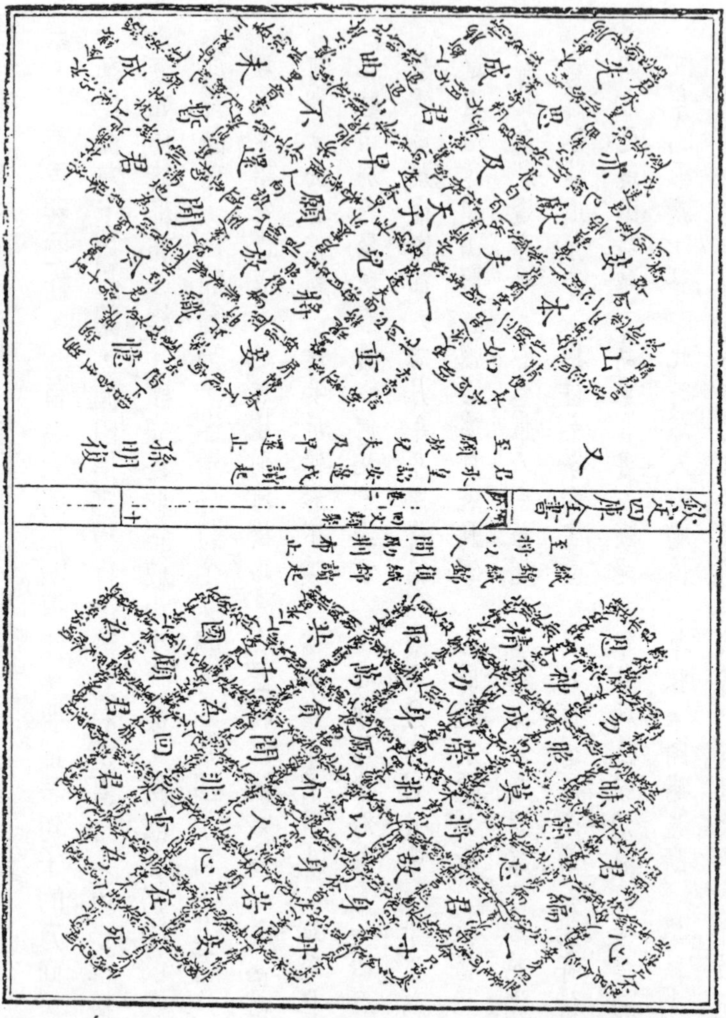
欽定四庫全書
擬織錦圖

七五　倒句詩

倒句詩，與回文詩相近似。其相異處是回文詩通篇可以反誦，倒句詩則僅每句可以倒讀而已。

下面所引七絕，在每一句中，都將相同的字，配置作順逆對應的安排，造成正讀反讀，都是原句，洵屬奇而佳也：

處處飛花飛處處　潺潺碧水碧潺潺
樹中雲接雲中樹　山外樓遮樓外山

和這種體裁相同的還有倒句詞，既係詩餘，也不妨參閱：

〔菩薩蠻〕

暮江寒碧縈長路　路長縈碧寒江暮
花塢夕陽斜　斜陽夕塢花
客愁無勝集　集勝無愁客
醒似醉多情　情多醉似醒

七六　十字詩

這原也是回文詩，但第一句的末四字要重複用於第二句作開頭。既是兩句七言詩，本就該有十四個字，卻由於第二句借用了上句的四個字，便只須增加三個字，合成十個字就可以了。致於廻返唸時，乃是倒讀原有的字句，仍然須將第三句的末四字，重複移用作爲第四句的首端。由於倒唸時只是將原有的文字逆反過來，不須另增，故整首七言絕詩全部只要十個字便可吟成了。

這是將疊唸半句的詩體，與倒句詩體的合併運用，頗爲高妙，當也是別創之一格也。

例如〈詠春〉一首，原句十個字如下：

鶯啼綠柳弄春情曉日明

譯解成回文七絕爲：

鶯啼綠柳弄春情　柳弄春情曉日明

明日曉情春弄柳　情春弄柳綠啼鶯

又例如〈詠夏〉一首，原句十個字如下：

香蓮碧水動風涼夏日長

譯解成回文七絕爲：

香蓮碧水動風涼　水動風涼夏日長

長日夏涼風動水　涼風動水碧蓮香

又例如〈詠秋〉一首，原句十個字如下：

秋江鴻雁宿沙洲淺水流

譯解成回文七絕爲：

秋江鴻雁宿沙洲　雁宿沙洲淺水流

流水淺洲沙宿雁　洲沙宿雁鴻江秋

又例如〈詠冬〉一首，原句十個字如下：

紅爐黑炭際寒冬遇雪濃

譯解成回文七絕爲：

紅爐黑炭際寒冬　炭際寒冬遇雪濃

濃雪遇冬寒際炭　冬寒際炭黑爐紅

七七　多字重複詩

將相同的字連續重複用於同一首詩裏，讓它一再重現，既加深了印象，也增添了情趣。

例如《四庫全書》集部，由宋人郭茂倩所輯《樂府詩集》卷二十六的〈相和歌辭〉中，有一首〈江南〉，作者無名，只標注「古辭」二字，詠蓮塘游魚之樂，只有七句。雖然許多字每句重複出現，並不嫌其累贅。這首古辭也可稱它爲七句詩。

沈德潛在《古詩源》卷三稱此詩爲「奇格」。張玉穀《古詩賞析》說：「此採蓮曲也，前段不說花，偏說葉，葉尙可愛，花不待言矣。魚戲葉間，衍出東西南北四句，轉見古趣。」詩曰：

江南可採蓮
蓮葉何田田
魚戲蓮葉間

魚戲蓮葉東
魚戲蓮葉西
魚戲蓮葉南
魚戲蓮葉北

到了唐代，詩人陸龜蒙，又對這首古詩加以發揮，寫了五首詩以廣其意，題爲「五解」，一併收在這《樂府詩集》的同一卷裏：

（一）

魚戲蓮葉間　參差隱葉扇
鵁鶄鸝鳿窺　瀲灩無因見

（二）

魚戲蓮葉東　初霞射紅尾
傍臨謝山側　恰值清風起

（三）

魚戲蓮葉西　盤盤舞波急
潛依曲岸涼　正對斜光入

（四）

魚戲蓮葉南　攲危午烟疊

光搖越鳥巢　影亂吳娃檝

（五）

魚戲蓮葉北　澄陽動微漣

回看帝子渚　稍背郭君船

七八　疊唸半句詩

每句的下半段，要疊接下文唸出，成爲下一句。整首詩只能順唸，不能逆讀。相傳宋人秦少游寫了下列十四字詩，茲環成橢圓如下圖（見《中國民間故事》）：

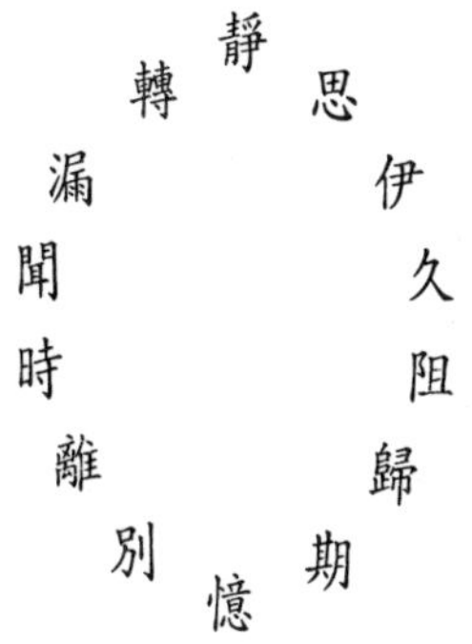

詩含七言四句，每句要將下半段重複唸出，疊讀下文成一句，詩曰：

靜思伊久阻歸期　久阻歸期憶別離
憶別離時聞漏轉　時聞漏轉靜思伊

宋人蘇東坡也寫過相同體裁的詩如左圖：

歸去馬如
花　飛
賞　酒
暮　力
已醒微
時

右詩解讀如左：

賞花歸去馬如飛　去馬如飛酒力微

酒力微醒時已暮　醒時已暮賞花歸

七九　藏頭拆字詩

清代李汝珍，精於詩文，是《鏡花緣》的作者。他在嘉慶元年（公元一七九六年）卅六歲時，漫遊古海州（今江蘇省連雲港），見一家府第大門貼著榜文，原來是爲嬌女擇婿。張貼著一段四十八個字全無標點的奇文，文曰：

月中秋會佳期下彈琴誦古詩中不聞鐘鼓便深方覺斗星移

少神仙歸古廟中宰相運心機時到得桃源洞與仙人下盤棋

榜文說：誰能識讀成句，即招爲婿。李汝珍覺得有趣，佇看了一會，即解之曰：

八月中秋會佳期　月下彈琴誦古詩
寺中不聞鐘鼓便　更深方覺斗星移
多少神仙歸古廟　朝中宰相運心機
幾時到得桃源洞　同與仙人下盤棋

這是一首藏頭詩，每句都缺少了第一個字，這個字卻隱藏在前一句最後一字的右半邊裏。至於首句的第一個字，則是藏在末句最後一字的右邊下方。原來這是嘉慶名士許階庭的才女許芙蓉小姐擇婚，由她和堂兄「海州才子二許」（許喬林許桂林兩昆仲）共同出的詩謎（但詩格不高，又有重字，僅聊備一格而已）。

《詩體明辨》卷十六〈離合詩〉小序云：「藏頭詩，每句頭字皆藏於前句尾字也」。《回文類聚》卷二載有唐代白居易藏頭拆字詩〈遊紫雲宮〉。原文係將詩句串成環狀，圖見第一五九頁（影印自《四庫全書》）。

此詩的每句首字都隱藏不見，須拆取上一句末字的下端，補爲次句的首字（都用〔　〕號括出）：

〔水〕洗塵埃道味甞（這是嘗的俗寫，下從甘，移作下句首字）
〔甘〕於名利兩相忘
〔心〕懷六洞丹霞客
〔口〕誦三清紫府章
〔十〕里採蓮歌達旦
〔一〕輪明月桂飄香

藏頭拆字詩

白居易

洗塵埃道味嘗於名利兩相忘懷六洞丹霞客誦三清紫府章里采蓮歌達旦輪明月桂飄香高公子還相覓見得山中好酒漿

遊紫霄宮　藏頭拆字體　七言

白居易

洗塵埃道味嘗於名利兩相忘懷六洞丹霞客誦三清紫府章里采蓮歌達旦輪明月桂飄香高公子還相覓見得山中好酒漿

每句取上字下半字為起字如漿字用水字是也末句用漿字為韻

〔日〕高公子還相見
〔見〕得山中好酒漿（下端是水，補爲第一句首字）

還有，《皇朝文鑑》卷二十九，載有宋・孔平仲的藏頭拆字詩二首，現舉其一〈寄賈宣州〉云：

〔高〕會當年喜得曹（曹字下端爲日，移作第二句首字）
〔日〕陪宴衎自忘勞
〔力〕回天地君應憊
〔心〕狹乾坤我尚豪
〔豕〕亥論書非素學
〔子〕孫干祿有東皐
〔十〕年求友相知寡
〔分〕付長松蔭短蒿（蒿字下截爲高，補爲第一句首字）

八〇　首尾接字詩

所謂首尾接字詩，是說前一句的末字（或末二字），又重複用於下一句的首字（或首二字），使首尾同字相接。由於重複出現，加深了讀者的印象。

唐代白居易的〈長恨歌〉中，便有「芙蓉帳暖度『春宵』，『春宵』苦短日高起」「東望都門信馬『歸』，『歸』來池苑皆依舊」「忽聞海上有仙『山』，『山』在虛無縹緲間」「臨別殷勤重寄『詞』。『詞』中有誓兩心知」。又如宋代鮑照（鮑參軍）的〈擬行路難〉中，也有「從風蕩蕩落『西家』，『西家』思婦見悲惋」「但恐羈死爲鬼『客』，『客』思寄滅生空精」等句。

首尾同字相接詩，也是詩中一格。今人朱沛耕有一首〈客遊美洲楓林山〉詩曰：

秋霜紅樹雀聲幽　幽徑啾迎遠客遊
遊子莫貪楓色好　好風吹憶故園秋

八一 暗藏數字詩

詩句中隱藏數字，但數字沒有明說，要當謎語去求破解，這也是巧思的戲墨，似乎也是一格。

清人孫原湘，（字子瀟，常熟人）《天眞閣外集》的〈艷體一章〉中，就有七律兩首，每首都暗藏著一個數字，讓讀者動腦費神來猜，頗饒趣味。

他舉出下面一首，每句中都暗含數目二十四：

吹簫橋畔月如環　江蘇江都縣（揚州）有一橋名二十四橋。杜牧詩云：二十四橋明月夜，玉人何處教吹簫。

亞字闌干對照間　闌干是用橫豎木梁作成。每個亞字的橫豎筆劃爲十二，兩個亞字對照是二十四。

寫過烏絲三頁滿　古時精美的絹紙上，有織成或畫成的黑線當作行格叫烏絲欄，故信箋也稱烏絲，每頁八行，三頁共二十四行。

彈來雁瑟一弦閒　瑟有二十五弦，一弦閒著不彈，只撥弄二十四弦。

清波雙現金釵影　十二金釵雙現，即十二乘二，等於二十四。

和氣全飛玉管斑　杜甫小至詩：吹葭六琯動飛灰。琯、曆家用以「候氣」者，以「玉」爲之。後漢書律曆志：候氣之法，爲律管，以葭莩灰實「管」內，「氣」至則灰「飛」管通。律是校正樂聲之器，以管之長短，分測音之高低，有陽律六，陰律六，共十二支，每支兩端開口，共二十四口。又周禮春官：一年有立春夏至等二十四節氣。

漫説荷花共生日　荷花生日是六月二十四日。內觀日疏：六月二十四日爲觀蓮節。

十年不減麗娟顏　洞冥記：麗娟，漢之宮女，武帝所幸，年十四。十四加十，合爲二十四。

他又有一首，每句中都暗含數目十六：

十二闌干花四環　十二加四爲十六

美人二八倚中間　二乘八等於十六

蛾眉那厭重新畫　八字眉畫兩次，二八一十六

象戲剛拋一半閒　半付象棋棋子是十六顆

兩度界箋書錦字　古代絹紙上有黑格線作界，叫界紙，也叫界箋，每頁八行，書寫兩頁，便是十六行。

更番排卦炙香班　八卦排兩次，八乘二成十六。

嬉遊二九還初二　二九相乘得十八，減二得十六

生過乖兒尚玉顏　乖字兒字各八劃，合爲十六

八二　雙聲疊韻詩

古人用韻，取其和諧，和諧就是雙聲疊韻。雙聲即古所謂和，乃是「聲母」相同的字。疊韻即古所謂諧，乃是「韻母」相同的字。

從前標注單字的讀音，有所謂「反切法」。反切法的上一字，與所切之字，必爲雙聲。例如東爲德紅切，德字是從舌端發聲，東字也是從舌端發聲，這兩字便是「雙聲」。至於反切法的下一字，與所切之字，必爲疊韻。例如公爲古紅切，紅和公都在東韻，這兩字便是「疊韻」。

《學林新編》說：雙聲者，同音而不同韻也；疊韻者，同音又同韻也。「互、護」爲雙聲，「敖、高」爲疊韻。若「彷彿、慷慨、咿喔」，皆雙聲也。若「侏儒、崆峒、滴瀝」，皆疊韻也。

唐人陸龜蒙的〈溪上思〉詩，便是雙聲：

溪空唯容雲
木密不隕雨

迎魚隱映間
安問謳鴉櫓
又他的〈山中吟〉詩，便是疊韻：
瓊英輕明生
石脈滴瀝碧
玄鉛山偏憐
百幘客亦惜
其他如皮日休的詩句「疏杉低通洞，冷鷺立亂浪」，此雙聲也；陸龜蒙的詩句「膚愉吳都姝，眷戀便殿宴」，此疊韻也。

八三　首尾倒換詩

今人劉鐵冷《作詩百法》卷下說：絕詩有四忌（請參閱「增胖詩」章）。其第三忌曰：忌「可上可下」。因爲絕詩的第一句與第四句平仄相同，上下可以互相易位也。作詩欠缺層次，就易犯此弊。

也有將現成的詩，把原句的首尾次序倒換，使成爲另一種含意的。據元白珽《諶淵靜語》載：莫子山暇日山行，遇一寺，頗有泉石之勝，因誦唐人李涉的〈題鶴林寺僧舍〉絕句（見《千家詩》）以快喜之云：

終日昏昏醉夢間　忽聞春盡強登山
因過竹院逢僧話　又得浮生半日閒

莫子山初覺景幽而喜，迨入寺叩寺僧，乃是一庸陋之俗和尚；與之語，又格格不相入，於是將原詩首尾倒換，改吟曰：

又得浮生半日閒　忽聞春盡強登山
因過竹院逢僧話　終日昏昏醉夢間

唐人鄭谷（號亦山，光啓進士），有〈淮上與友人別〉詩曰：

揚子江頭楊柳春　楊花愁煞渡江人

數聲風笛離亭晚　君向瀟湘我向秦

謝榛（號四溟山人，有四溟集）見此詩，認爲意緩，不甚好。他把首句尾句倒換了過來，就變爲：

君向瀟湘我向秦　楊花愁煞渡江人

數聲風笛離亭晚　揚子江頭楊柳春

但詩家見仁見智，各有不同。賀貽孫《詩筏》評曰：「詩有極尋常語，作爲發句無味，倒用作結方妙。鄭谷此詩，題中正意，只有君向瀟湘我向秦七字而已，若開頭便說，則淺直無味，此卻倒裝作結，悠然情深矣。」究竟孰優孰劣，留請讀者評斷。

八四　換字費解詩

初學作詩，要從明白平易入門，熟了再求變化。第一層是「看山便是山」，這是初階。第二層會覺得「看山不是山」，這時是心中另有塊壘。進到第三層後，卻又回旋到「看山便是山」，這是已入化境了。

作詩如果提到信札，非要用「鴻雁」「雙鯉」不可嗎？說到明鏡，非要「菱花」「秦臺」嗎？未必。相傳宋祁修史，好用僻字，歐陽修乃戲寫「宵寐匪禎，札闥洪庥」八字貼在門上。宋不解，問歐。歐陽修說：「宵寐匪禎」者，即「夜夢不祥」也；「札闥洪庥」者，即「書門大吉」也。這是換字而使人難懂之例。

明代郎瑛的《七修類稿》載：虞子匡以詩示余曰：

誓律飈雷速　神威鎮坎隅
遐征逾趙地　力戰越秦墟
驥蹂匈奴頂　戈殲韃靼軀

旋師謝彤闕　再造故皇都

郎瑛三讀，不知何意。虞子匡曰：我學時人把普通字都換成僻字，改寫南宋岳飛的〈送張紫崖北伐〉詩也。岳詩原句是：

號令風霆迅　天聲動北陬
長驅渡河洛　直搗向燕幽
馬喋閼氏血　旗梟可汗頭
歸來報明主　恢復舊神州

八五　胡寫不通詩

詩是文字之粹鍊，須先有精於爲文的底子，乃可以作詩。但許多人都認爲「文章是自己的好。」所以自以爲寫詩也是高手。好詩可供我們欣賞，壞詩也可讓我們惕戒。下面一例，雖然俚鄙，或亦可使閱者輕鬆調劑一下，聊博一粲：

有一半通文人，亟欲成爲詩家。老師告訴他：「作詩之道，要言之有物，用字也當簡省。」他依照教誨，作成了五絕一首：

庭釘掛景春　園竹實我心
況指扳瑪假　肉耳掛金眞

其實他已走韻而不自知，自以爲是得意之作，繕呈老師核閱。老師全看不懂，問他。他說：

第一句：講我家客庭墻壁鐵釘上所掛的那幅畫，乃是春天的風景呀！

第二句：是說後園裏種了竹，那其實是出自我的心意啦。

第三句：把「況」字分開，就是「二兄」。是說我二哥手指上戴的扳指是
假瑪瑙，不要以爲那是眞貨才好嘛。
第四句：也是爲了簡省用字，我把「內人」合併成「肉」字。那就是說只
有我太太的耳環才是眞的黃金哪！
這可能是僻例，難登大雅。但豈不是完全符合了言之有物，又達到用字簡
省的要旨了嗎？

八六　六府詩

《書經・大禹謨》說：「帝曰：俞、地平天成，六府三事允治。」按：水、火、金、木、土、穀等貨財藏儲之處曰六府。《禮・曲禮》說：「天子之六府。」注：「府、主藏六物之稅者，此殷時制也。」《藝文類聚》卷五十六有後梁沈炯的〈六府詩〉：

水廣南山暗　杖策出蓬門
火炬村前發　林煙樹下昏
金花散黃蘂　蕙草雜芳蓀
木蘭露漸落　山芝風屢翻
土高行已冒　抱甕憶中園
穀物定若近　當終黃石言

同書裏，南北朝梁人孔魚也有一首〈和六府詩〉：

金門朱軌躅　吾子盛簪裾

土舌無時用　萍流復在余
水鄉訪松石　蘭澤侶樵漁
火洲方可至　地肺即爲居
木牛自知止　貞心達毀譽
穀稼有時鑠　乘植望自榆

八七　人名詩

在寫詩寄意的詞句中，巧妙的將古人姓名嵌入，亦別有一體。《權載之文集》卷八，有權德輿（唐人，字載之）五言一首，暗藏人名在內（亦見宋人葉夢得撰《石林詩話》）：

藩宣秉戎寄　宣秉，東漢人，漢光武時爲大司徒

衡石崇勢位　石崇，晉人，富而奢，築金谷別墅

年紀信不留　紀信，西漢人，事劉邦爲將軍

弛張良自愧　張良，西漢人，佐劉邦定天下，封留侯

樵蘇則爲愜　蘇則，三國魏人，魏文帝曹丕任爲東平相

瓜李斯可畏　李斯，秦始皇時丞相

不顧榮宦尊　顧榮，晉代人，與陸機兄弟號爲三俊

每陳農畝利　陳農，漢代人，與劉向同時代

家林類巖巘　林類，與孔子同時代，子貢向他問道

負郭躬歛積　郭躬，後漢人，官至廷尉
忌滿寵生嫌　滿寵，三國魏人，曹丕時爲太尉
養蒙恬勝利　蒙恬北築長城，威震匈奴，秦人
踈鍾浩月曉　鍾浩，後漢人，見鍾繇傳
晚景丹霞異　景丹，後漢人，漢武帝時爲將軍
山梁冀無累　梁冀，後漢人，漢順帝時爲大將軍
澗谷永不變　谷永，漢代人，漢成帝時爲大司農
論自王符肇　王符，後漢人，與馬融友善
學得展禽志　展禽就是柳下惠，春秋人，坐懷不亂
從此直不疑　直不疑，漢景帝時爲御史大夫
友離踈世事

還有一種「姓氏詩」，是將姓氏分解，仿效人們常說的「弓長張」「言西早譚」以入詩。例如「言身寸謝口天吳，禾口王程竹付符，水釆田潘言午許，草千里董古辛辜。」此體僅求湊集，雖符平仄，卻欠情意，只算獺祭，附此一式而已。

八八 藥名詩

孔毅夫有一首詩，敍述性樂鄙野，安於茅舍草房，可捲簾以迎樹蔭，有護墻以擋風雨，有流水，有木橋，乃是白髮老翁歸隱的好處所。他卻將中藥藥名暗嵌入句中，這就叫「藥名詩」。這首五律，載於《詩人玉屑》卷二，乃引自《漫叟詩話》。詩曰：

鄙性嘗山野　尤甘草舍中
鉤簾陰卷柏　障壁坐防風
客土依雲實　流泉架木通
行當歸老矣　已逼白頭翁

該書又有一首藥名詩，也是五律：

此地龍舒國　池隍獸血餘
木香多野橘　石乳最宜魚
古瓦松楊冷　旱天麻麥疎

題詩非杜若　殘膩粉難書

《西清詩話》也錄有唐代進士張籍（字文昌）的一首〈答鄱陽客〉的藥名詩，則是七絕：

江皐歲暮相逢地　黃葉霜前半夏枝
子夜吟詩向松桂　心中萬事豈君知

這些隱藏的藥名，包括甘草（調和藥性用）、卷栢（一名萬歲長生不死草，主祛邪氣）、防風（治風寒）、雲實（毒草，花和根均可療疾）、木通（利小便）、當歸（補血）、白頭翁（清熱）、地龍（就是蚯蚓，治傷寒）、血餘（消淤用）、木香（健脾胃）、石乳（明目）、松揚（治折傷）、天厤（祛風）、杜若（根可療疾）、半夏（除濕疾）、膩粉（即汞粉，治鼓脹）。

這種詩體的寫作要領，依照《漫叟詩話》的意見，應當做到「字」須「正用」，「意」須「假借」，就得到箇中三昧了。

八九　十二生肖詩

我國舊說，以十二種動物，配屬十二地支，謂之十二屬，以爲十二時辰所屬也。又認爲生於某年，即肖某物，故又稱十二生肖。東漢王充《論衡》說：「十二肖屬，子爲鼠，丑爲牛，寅爲虎，卯爲兔，辰爲龍，巳爲蛇，午爲馬，未爲羊，申爲猴，酉爲鷄，戌爲狗，亥爲豬。」《藝文類聚》卷五十六有後梁沈炯的〈十二屬〉詩曰：

鼠迹生塵案　牛嗥暮下來
虎嘯坐空谷　兔月向窗開
龍隰遠青翠　蛇柳近徘徊
馬蘭方遠摘　羊負始春栽
猴栗羞芳果　鷄砧引清杯
狗其懷物外　豬蠡窅悠哉

九〇　十七字詩

十七字詩，是前三句都是五個字，末尾一句只用兩個字。這末句的兩個字，要有畫龍點睛之妙。

不過這種詩體，多是滑稽調笑的作品，難登大雅。相傳有舅爲甥送別，舅眇一目，甥作十七字詩嘲之云：

攜手上河梁
見舅如見娘
兩人齊下淚
三行

這是說兩人只有三個眼睛，故下淚只有三行也，誠謔而虐矣。

舅父怒甚，扭甥訟於官，官也難斷，因愛甥之才，令其再作一首十七字詩，以贖其罪。正巧官太太步出前堂。她的天足甚大，甥見景復作一首，縣官雖覺窘甚，亦無可如何也。

然此種詩體，近於輕薄，殊非正軌，不宜仿學。甥之第二首詩曰：

環珮響丁當
夫人出畫堂
金蓮三寸小
橫量

九一　改詩一字師

杜甫詩：「新詩改罷自長吟」。白居易詩：「舊句時時改」。清代袁枚《隨園詩話》說：「白香山詩似平易，閒觀所存遺稿，塗改甚多，竟有終篇不留一字者」。《捫蝨新話》說：「歐陽修爲詩文，每就紙上淨訖，即黏挂齋壁，臥興看之，屢思屢易，至於終篇不留一字者」。明代越卓凡有詩曰：

偶見昔吟詩　虛心一檢視
讀未及終篇　慙怖幾無地
蕪荒略能刊　深奧殊未至
不知當時心　何以亦得意
間有心所會　至今不可易
此帶性靈來　百中無一二

袁枚也有一首〈遣興〉，道出他改詩的心境：

愛好由來着筆難　一詩千改始心安

阿婆還是初笄女　頭未梳成不許看

「改字」本與詩體無關，然爲鍊字下句的精要所繫，乃學詩寫詩品詩之不可忽者，故兼錄數則如下：

㈠宋人計有功《唐詩紀事》載：僧齊己（俗名胡得生，有白蓮集）攜詩詣鄭谷（字若如，有宜陽集），其〈早梅詩〉云：

前村深雪裏　昨夜數枝開

鄭谷說：「數枝非早也，未若『一』枝。」齊己不覺下拜。自是士林以鄭谷爲一字師。

㈡宋人阮閱《詩話總龜》載：蕭楚材知溧陽縣，張乖崖作牧，一日召食，蕭見張公几案上有一絕：

獨恨太平無一事　江南閑煞老尚書

蕭改「恨」作「幸」字。公返，視稿曰：「誰改吾詩？」蕭曰：「公功高位重，姦人側目之秋，獨『恨』太平何也？」張乖崖曰：「蕭，一字之師也。」

㈢宋·劉貢甫自館中出知曹州，有詩云：

壁門金闕倚天開　五見宮花落古槐

明日扁舟滄海去　卻將雲氣望蓬萊

舊句原是「雲裏望蓬萊」，王荊公代改一字作「雲氣」，氣勢就倍增了。

㈣明・黃溥的《閒中今古錄》載：元代薩天錫有詩云：

地濕厭聞天竺雨　月明未聽景陽鐘

有個叫「山東一叟」者，建議他將「厭聞」改爲「厭看」，薩公俯首，拜爲一字師。

㈤宋人洪邁撰《容齋隨筆》載：黃魯直（黃庭堅字，宋人，號山谷道人）有詩曰：

歸燕略無三日事　高蟬正用一枝鳴

這個「用」字，初爲「抱」，又改「占」，又曰「在」曰「帶」曰「要」，至「用」乃定（但另有他本作「殘枝猶占一枝鳴」）。

㈥《容齋隨筆》又載：王安石有絕句〈泊船瓜洲〉詩云：

京口瓜洲一水間　鍾山祇隔數重山

春風又綠江南岸　明月何時照我還

後見其所藏草稿，初云「又到江南岸」，圈去「到」字，注曰「不好」，改爲過字，又改爲「入」，復改爲「滿」，凡如是十餘字，始定爲「綠」。

㈦《唐音遺響》載：任翻在台州東壁題詩曰：

前峯月照一江水　僧在翠微閦竹房

任既行十餘里，忽覺「一」字不如「半」字好，立即回轉，想要換字，一看壁上已有人將「一」字改爲「半」字了，因嘆台州有高人，半字改得傳神。

㈧宋人計有功撰《唐詩紀事》載：王貞白（字有道，乾寧進士），唐末大播詩名。〈御溝〉一詩，爲卷首，詩云：

一派御溝水　綠槐相蔭清
此波涵帝澤　無處濯塵纓
鳥道來雖險　龍池到自平
朝宗心本切　願向急流傾

他自謂冠絕無瑕，呈僧貫休（俗名姜德隱，有西嶽集）。貫休說：「甚好，只是剩一字。」貞白揚袂而去。貫休心想：「此公思敏，必復返。」乃書一字於掌中以俟。移時，貞白返，忻然曰：「已得一『中』字：『此中涵帝澤』。」貫休將掌中字示之，正同。

(九)上面這個故事，在宋人魏慶之的《詩人玉屑》卷八中，卻另有一說。內容是：皎然（俗名謝清書，是和尚，有詩文集十卷）以詩名於唐。有一僧袖詩謁之，皎然指其〈御溝〉詩云：「『此波涵聖澤』，『波』字未穩，當改。」僧怫然作色而去。皎然度其去必復來，乃取筆書『中』字於掌，握之以待。僧果復來，云：「欲換爲中字，如何？」皎然展手示之，二人遂定交。《詩人玉屑》也在文末記曰：「二說不同，未知孰是？」

(十)《詩人玉屑》卷八又載：汪彥章移守臨川，曾吉甫以詩迓之云：

白玉堂中曾草詔　水晶宮裏近題詩

他將此詩以示（韓）子蒼。子蒼爲他每句改換一字云：

白玉堂深曾草詔　水晶宮冷近題詩

《詩人玉屑》說：這就迥然與前不同了，「蓋句中有『眼』也。古人鍊字，只於眼上鍊。五字詩多以第三字爲眼，七字詩則多以第五字爲眼也。」

(土)《詩人玉屑》卷六又載：王仲至奉召入試館中，試罷，作一七絕，云：

古木森森白玉堂　長年來此試文章

日斜奏罷長楊賦　閑拂塵埃看畫墻

王安石見此詩，甚歎愛，爲他改爲「奏賦長楊罷」。並告之曰：「詩家出語，如此乃健。」

㈢蘇東坡北歸，見王平甫〈甘露寺〉詩，頗自負。中有句云：

平地風煙飛白鳥　半山雲木卷蒼藤

東坡說：精神全在「卷」字上，但恨「飛」字不稱耳。平甫沉吟久之，請東坡改易。東坡改爲「橫」字，平甫歎服。

㈣杜甫〈聞官軍收河南河北〉詩（參見第五九頁）云：

白日放歌須縱酒　青春作伴好還鄉

錢謙益（明清人，有《列朝詩集》）說：「白日」宜改一字爲「白首」。

㈤《詩人玉屑》卷十五說：賈島，字浪仙，初到京都，於驢背得句云：

鳥宿池邊樹　僧敲月下門

起初欲用「推」字，又欲用「敲」字，煉之未定，在驢背上引手作推敲之勢。當時韓愈以吏部郎身分權理京兆尹巡街，賈島苦吟不覺，竟衝至儀仗隊第三節。左右拘執到韓愈車駕前，賈島以所得詩句云云述告，韓愈說：「作敲字佳矣。」遂與並轡而歸，爲布衣之交。

九二　詩鐘

《辭海》釋曰：「詩鐘，文人遊戲之作。其法每取絕不相類之兩辭，作詩兩句。或分詠一事一物，或爲嵌字，必湊合天然，銖兩相稱。詩鐘考云：『昔人作此，社規甚嚴。拈題時綴錢於縷，繫香寸許，承以銅盤，香焚縷斷，錢落盤鳴，其聲鏗然，以爲構思之限，故名詩鐘。蓋即刻燭擊鉢之同義也。』詩鐘雖只兩句，亦詩體之一格。以下摘錄佳作數則：

㈠詩鐘題：「三」「水」二唱（「三水」是說應將三水兩字分別嵌入上下句，「二唱」是說必須嵌入每句的第二個字。）：

洗「三」竟作胡兒母
覆「水」難收太守妻

上句用楊貴妃三朝洗安祿山故事，下句用朱買臣休妻故事。

㈡詩鐘題：「兩」「空」六唱（兩、空應嵌入每句第六字）：

不任猿聲啼「兩」岸

但聞人語響「空」山

上題是清人易實甫巧集唐人詩句而成。

㈢詩鐘題：「李三姑」鼎峙（鼎峙格限將首字嵌於上句之中央，二字三字嵌於下句首尾）：

一門桃「李」誇多士

「三」日羹湯嚐小「姑」

㈣詩鐘題：「來」「終」雲泥（雲泥格限將首字嵌入上句次字，尾字嵌入下句末字）：

儻「來」富貴皆庸福

除卻疆場不善「終」

㈤詩鐘題：「道」「交」七唱：

聊將薄酒爲東「道」

且折寒梅寄舊「交」

㈥詩鐘題：「漢光武帝」「便壺」分詠：

一生知己嚴光足

萬古含冤智伯頭

易實甫作。上句敍嚴光（子陵）與東漢光武帝篤交故事。下句敍韓趙魏三家分晉，合力滅智伯，將智伯梟首後作爲溺器故事。

(七)詩鐘題：「樓」「昭烈帝」分詠：

其中綽約多仙子

天下英雄惟使君

易實甫作。上句引自長恨歌「樓閣玲瓏五雲起，其中綽約多仙子」。下句引曹操語「天下英雄，惟使君與操耳。」使君指蜀昭烈帝劉備。

(八)詩鐘題：「蛟」「斷」蜂腰格（嵌入中字）：

射虎斬「蛟」三害去

房謀杜「斷」兩賢同

上句引晉代周處除三害故事，下句指唐太宗兩位弼臣：房玄齡善謀，杜如晦能斷的故事。

(九)詩鐘題：「女」「花」二唱：

①青「女」素娥俱耐冷

名「花」傾國兩相歡

此題是多人同場比賽，此聯上句李商隱詩，下句李白詩，卻評爲第三，衆皆代爲不服，乃觀第二名所作：

②商「女」不知亡國恨

落「花」猶似墜樓人

集用唐詩，皆杜牧原句，宜略勝；因再觀第一名之作：

③神「女」生涯原是夢

落「花」時節又逢君

上句李商隱詩，下句杜甫詩，既工穩，又兼意勝，衆乃歎服。

九三　怨詩

大凡碩學眞儒，都有一番濟世匡時的抱負，卻不願枉尺直尋，阿諛討好。陶淵明不肯爲五斗米折腰，辭官賦歸，但因他還有衡宇童僕、美酒菊蘭，可以優遊卒歲。倘若家無恆產，恐怕只有鬻文來暫維溫飽了。

清人龔自珍，號定盦（撰有《定盦集》），道光進士，詩文精邃，經史博通。卻懷才不遇，要靠煮字療饑，豈不悲憤？因而寫了一首〈詠史〉的詩，發洩他的感慨。怨詩原不足爲法，只能寄以同情。詩曰：

金粉東南十五州　萬重恩怨屬名流
牢盆狎客操全算　團扇才人踞上游
避席畏聞文字獄　著書都爲稻粱謀
田橫五百人安在　難道歸來盡列侯

九四　半半詩

人生要看得破，可免除許多煩惱。清代學人李密菴，寫了一首〈半半詩〉，讀來頗耐尋味，錄供一閱：

看破浮生已半　半之受用無邊
半年歲月儘悠閒　半裏乾坤開展
半郭半鄉村舍　半山半水田園
半耕半讀半寒廛　半士半民姻眷
半雅半粗器具　半華半實庭軒
衾裳半素半輕鮮　肴饌半豐半儉
童僕半能半拙　妻子半樸半賢
心情半佛半神仙　性子半藏半顯
一半還之天地　一半留之人間
半思後代與滄田　半想閻羅怎見

飲酒半酣正好　花開半吐偏妍
帆張半扇免翻顛　馬放半韁穩便
半少卻饒滋味　半多反厭糾纏
自來苦樂半相參　會佔便宜只半

宗教界也有若干勸善詩，立意與本篇類似。唯構架雖像詩，字句卻皆俚俗，目的在使一般普通信徒都懂，因水準略遜，免錄。

清代詩書畫三絕的怪才鄭板橋，曾寫了多首〈道情〉，破解吾人貪念，甚好。但那是曲，不是詩，未予錄引。

九五　寶塔詩

前面曾引述一三五七九言，每句都是奇數字數的詩，避開了偶數字數的句子。如果奇偶數字都採用，連續從一二三四五六七等依序寫下來，會是個甚麼樣子呢？那便是層層疊疊，像一尊寶塔。有位無名氏便寫出一首一至七字的〈咏酒詩〉，雖是戲筆，卻無一雜湊語，無一重複意，應是上乘之作：

酒
酒
酌　來
飲　取
君　莫　訴
時　難　久
偏　樂　少　年
能　娛　老　叟
對　月　不　可　無
看　花　必　須　有
于　髡　一　醉　一　石
劉　伶　解　醒　五　斗
臨　行　強　戰　三　五　場
酩　酊　更　能　相　憶　否

以上這首〈詠酒〉詩，每兩句從一個字遞增到七個字。茲再引一首從一個字連寫到十個字的寶塔詩，是宋朝文同（字與可）的〈詠竹〉：

竹
竹
森寒
潔綠
湘江頭
渭水曲
帷幔翠錦
戈矛蒼玉
心虛異眾草
節勁踰凡木
化龍杖入仙波
呼鳳律鳴神石
月娥巾披靜苒苒
風女笙竽清蔌蔌
林間飲酒碎影搖樽
石上圍棋輕陰覆局
屈大夫逐去徒悅椒蘭
陶先生歸來但尋松菊
若論檀欒之操無敵於君
欲圖瀟灑之姿莫賢於僕

唐代張南史（字季直），有雪、月、花、草、從一個字到七個字詩六首，下面選錄其〈雪〉詩一首：

雪
花片
玉屑
結陰風
凝暮節
高嶺虛晶
平原廣潔
初從雲外飄
還向空中噎
千門萬户皆靜
獸炭皮裘自熱
此時雙舞洛陽人
誰悟郢中歌斷絕

近人李隆，編有《絕聯奇文》一書，有寶塔詩數首，茲轉錄〈詠風〉一首如下：

風
草動
扇底送
吹夢無蹤
得意馬蹄輕
徐來水波不興
夜來門外掃殘紅
吹皺一池底事干卿
不與周郎便銅雀春濃
野火燒不盡春來吹又生
故國不堪詠小樓昨夜又東
本是君子德行化入清官袖中

同上書中，還有〈詠水〉一首（此首與上首都是從一個字連寫到十個字的寶塔詩）：

水
壬　癸
眼　波　媚
大　禹　忘　歸
鴨　知　春　暖　味
風　也　無　事　生　非
奔　流　到　海　不　復　回
逆　而　行　舟　不　進　則　退
應　念　我　終　日　凝　眸　滋　味
我　住　長　江　頭　君　住　長　江　尾
長　天　共　一　色　落　霞　孤　鶩　齊　飛
曾　經　滄　海　難　爲　智　者　緣　何　樂　最

九六　離合詩

《滄浪詩話》「詩體」之六說：「論雜體，則有……離合……之詩。」

離合詩，即是拆字猜謎詩。是要將某字拆「離」一部份，剩下的再與他字拼「合」成一新字。晉・潘岳有《離合詩》一首，射「思楊容姬難堪」六字。見《藝文類聚》。詩句如下：

佃魚始化　人民穴處（佃字不要人，為田字）
意守醇樸　音應律呂（意讓音離開，剩心。心與右行田，合成思字）
桑梓被源　卉木在野（木）
錫鸞未設　金石弗舉（錫去金為昜，與木合為楊）
害咎蠲消　吉德流普（害去吉，剩宀）
谿口可安　奚作棟宇（谿離去奚，餘谷，與右行合為容字）
嫣然以熹　焉懼外侮（嫣去掉焉，剩下女字）
熙神委火　巳求多祐（熙字不要巳火，與右行女字合成姬字）

嘆彼季末　口出擇語（嘆字不要口）
誰能墨誠　言喪厥所（誰字把言字拆離，剩餘的部份，與右行合成難字）
壟畝之諺　龍潛巖阻（壟字中的龍潛隱了，剩土）
尠義崇亂　少長失序（尠字失了少字，是甚。與上句土字合爲堪字）

九七　字謎詩

用詩句作字謎，非詩之正道，乃文人隨興之消遣筆墨也，《滄浪詩話》中，也列爲「雜體」之一種，因姑且聊增此例。《古今圖書集成．文字典．隱語部》中，列有詩謎多則。茲引其中二則如下：

其一（謎底爲「用」字）：

一月復一月　兩月共半邊
上有可耕田　下有長流川
六口共一室　兩口不團圓

其二（謎底爲「日曆」）：

量來一尺長　上面都是節（一年有二十四節氣）
兩頭非常冷　中間非常熱

清代胡澹菴《解人頤》書中《消悶集》亦有字謎：

其一（謎底爲「紙墨筆硯」）：

得此添修五鳳樓　臨池洗處黑魚游
封侯萬里曾投棄　礪志磨穿鐵未休

其二（謎底爲「口」字）：

唐虞有　堯舜無
商周有　湯武無
古文有　今文無

其三（謎底爲「卜」字）：

上無片瓦遮身　下無立錐之地
腰間掛個葫蘆　便知陰陽之理

此外，又有以成語作謎面者（謎底爲「亞」字）：

存心不善
有口難言

又有引「詞」兩句作謎面者（謎底爲「倆」字）：

落花人獨立
微雨燕雙飛

九八　圖畫詩

（一）

學畫國蘭的某學生，請老師指示繪蘭的基本訣竅。老師不作口頭解釋，當場手畫三筆蘭草交付他，如下圖：

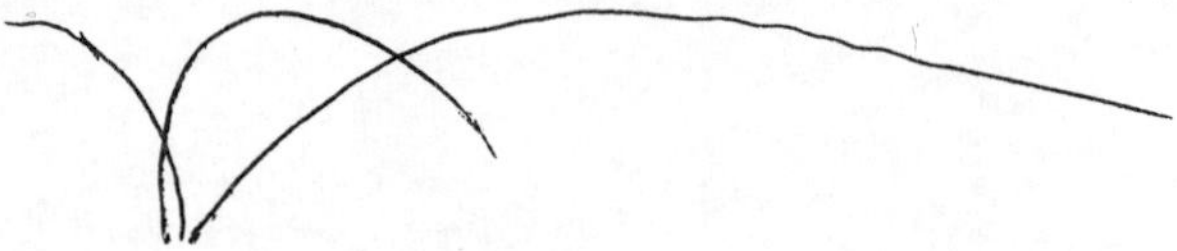

老師說：「訣竅就在這幅畫裏，你如果參詳透了，就會懂得怎樣動筆了。」學生凝思終日，最後悟到了，說：「我猜應該可以用四句詩來說明國蘭的基本畫訣了」：

一筆去得長　二筆架根梁
三筆破鳳眼　畫蘭照此方

（二）

某人接到書信一封，拆開一看，只見信箋上僅有一行點點圈圈，全無文字，如下圖：

此人不明其意，乃向一文士請教。文士告曰：「此乃情書也，脈脈綿綿，款款道出，你可不要辜負了。信中寓意，乃是一詩，我可替她解釋譯出」：

相思珠淚無從寄　只好畫個圈兒替
小圈像我弱無依　大圈似你強而健
但求月老紅線牽　大圈小圈合一起
月圓花好兩情綿　一路圈圈圈到底

九九　打油詩

打油詩大多俚俗，隨詩興而吟成，近於民歌。《升菴外集》載有唐人張打油《雪詩》，或爲打油詩此一名稱之由來。詩曰：

江上一籠統　井上黑窟窿
黃狗身上白　白狗身上腫

還有隱名者的打油詩：

月子彎彎照九州　幾人歡樂幾人愁
幾家夫婿同羅帳　幾個飄零在外頭

另有位無名氏也寫出農家情景的打油詩：

春耕夜起早遲眠　小妹擔茶郎種田
秧要日頭麻要雨　采桑娘子要晴天

一〇〇　竹枝詞詩

這是詩人仿民歌的體裁而作的詩，七言四句，與七絕差不多，但寫得淺顯，而近於天籟。前人釋曰：竹枝詞專詠風土瑣事。茲舉唐人劉禹錫的〈竹枝詞〉以見其意：

楊柳青青江水平　聞郎江上踏歌聲
東邊日出西邊雨　道是無晴卻有晴（晴和情雙關）

李峯有〈端谿竹枝詞〉：

楚楚青衫別樣新　歸甯南渡到江濱
一竿油傘雙籐盒　綠樹斜陽喚渡人

清代厲鶚（號樊榭，康熙舉人，撰有《宋詩紀事》等多種）也有〈臨平湖竹枝詞〉一首，都屬情歌：

雙鬟十五盪舟徐　不見清波錦鯉書
儂似湖中石鼓樣　望郎望似蜀桐魚

清・繆艮也作了〈參破〉竹枝詞二首：

其一

巧妻常伴拙夫眠　千里姻緣一線牽

世事都從愁裏過　月如無恨月常圓

其二

人老珠黃不值錢　人生不樂也徒然

今朝有酒今朝醉　一滴何曾到九泉

又南宋葉適，曾創《橘枝詞》，亦爲雜詩之一體。唯久已失傳，無由窺其內容矣。

一〇一　柳枝詞詩

柳枝詞也是七言四句。竹枝詞專寫風土，柳枝詞則專詠楊柳。但必須清麗，要可以歌唱。清代厲鶚，作有〈西湖柳枝詞〉六首：

相識東風萬萬條　冶游付與玉驄驕　等閒回首情難盡　行過長橋又短橋

藏鴉門外綠愔愔　染雨烘晴色漸深　底事錢塘蘇小小　不將翠帶結同心

千絲踠地復臨湖　記得年時賣酒壚　惟有箇儂偏愛惜　三眠還要倩人扶

芳草春來斷客魂　楊枝只合伴桃根　滿湖碧水游船散　西月東風在寺門

鬥盡纖腰一兩枝　水仙王廟日斜時　青青不許遊人折　細葉如顰更泥誰

路旁烟態罥朱樓　長送行人萬里游　願作湧金門外樹　生來渾不識離愁

又《詩人玉屑》錄有蘇州刺史劉尙書〈柳枝詞詩〉云：

城外春風吹酒旗　行人揮袂日西時　長安陌上無窮樹　惟有垂楊管別離

一〇二　神智體詩

神智體是一種近乎文字遊戲的詩體，因它能啓人神智，故名。

宋代桑世昌撰《回文類聚》中，記載說宋神宗熙寧年間，遼使來京，以能詩自誇。神宗派蘇軾爲館伴。遼使以詩詰蘇軾，蘇軾說：作詩太容易了，反而觀詩很難，遂寫〈晚眺詩〉以示之。其詩以意書之，僅十二個字，字有長寫、短寫、橫寫、側寫、反寫、倒寫。遼使觀之，惶惑莫知所云，自是不復言詩。

蘇軾的詩這樣寫的：

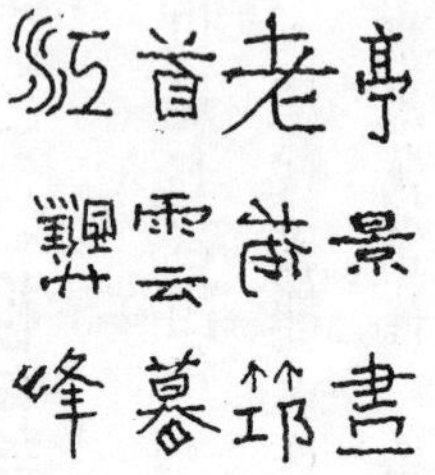

這首詩的寫法：亭極長，景極短，畫（畫的俗寫，見康熙字典）無人，老極大，拖橫寫，筇字頭極瘦，首字反寫，雲字中間斷隔，暮字下日斜寫，江字彎曲，蘸字倒寫，峰字山旁側寫，確是奇特。

整首詩解讀爲：

長亭短景無人畫　老大橫拖瘦竹筇

回首斷雲斜日暮　曲江倒蘸側山峯

還有一位無名氏，也倣此體，寫了一首〈情詩〉，各字有長有短，有橫有斜，有反有斷，也有缺筆，如下圖：

猜悟其意，解讀如左：

斜月三更門半開　反身橫枕意心歪

短命小哥無口信　夜長音斷沒人來

一〇三　菱形詩

由於中國文字是單一獨立的方塊字，不但可以任意橫栟直排，順逆顛倒，也可列成方陣。例如由兩個字組成的詞兒，可顛倒唸的有：演講—講演、健康—康健、熊貓—貓熊、剪裁—裁剪。由四個字組成的成語，可以顛倒唸的有：流水高山—山高水流、風狂雨驟—驟雨狂風、春生梅嶺—嶺梅生春、山青水綠—綠水青山。又例如橫寫一聯，左右唸都成句的有：

客上天然居↔居然天上客

僧遊雲隱寺↔寺隱雲遊僧

還有順唸反唸都相同的如：

路人行上行人路

居士隱於隱士居

又有四個字圍繞於中央口字的四周，共用中央口字，可讀為「吾唯知足」。如下圖：

這種多樣變化，英文就難以做到。不過，英文詩裏，有一種菱形詩，七行。每行的字數，依序分別是一二三四三二一，排成一個對等的平行四邊行，就好似一顆鑽石。今舉一首〈詠冬夏〉的菱形詩爲例：

Winter
White bare
Shivering, tingling, invigorating
Snow, ice, freshness, flowers
Warming, tanning, tumbling
Green, full
Summer

這首詩的第一行點出主題「冬」，第二三行詠冬，第四行兼寫冬夏（前兩字迴應首行主題冬，後兩字描敘末行主題夏）。第五六行則都詠夏，第七行最後歸結出第二主題夏。

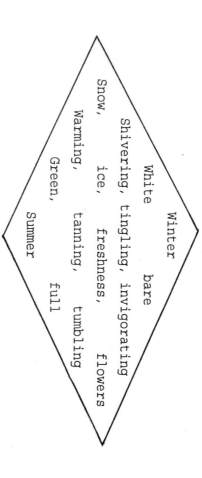

一〇四　後記

討論舊詩體裁之書，自來以宋代嚴羽（邵武人，字儀卿，一字丹丘，自號滄浪逋客）的《滄浪詩話》爲最詳。茲將該書中「詩體」一章，縷舉各體如下，並附略釋：

以時代作詩體之區分者，計有：

一、建安體——漢獻帝年號。曹操曹植等建安七子之詩。

二、黃初體——魏文帝年號。與建安體相接之詩。

三、正始體——魏廢帝年號。嵇康阮籍等人之詩。

四、太康體——晉武帝年號。左思潘岳張載陸機陸雲等人之詩。

五、元嘉體——南朝宋文帝年號。顏延之鮑照謝靈運等人之詩。

六、永明體——齊武帝年號。沈約謝朓王融等之詩。

七、齊梁體——綺艷纖麗之詩。

八、南北朝體—通魏周而言之，與齊梁體類似之詩。

九、唐初體——初唐時期王勃楊炯盧照鄰駱賓王等人之詩。
十、盛唐體——李白杜甫王昌齡王維孟浩然等之詩。
十一、大曆體—代宗年號。盧綸韓翃司空曙李端吉中孚錢起苗發崔峒耿湋夏侯審等十才子之詩。
十二、元和體—憲宗年號。元稹白樂天孟郊等人之詩。
十三、晚唐體—李商隱溫庭筠杜牧等人之詩。
十四、元祐體—宋哲宗年號。蘇東坡黃山谷賈島陳師道等之詩。
十五、江西體—以黃山谷爲宗之詩。

又以人物作詩體之區分者，計有：

一、蘇李體—蘇武李陵之詩。
二、曹劉體—曹植劉公幹之詩。
三、陶體——陶淵明之詩。
四、謝體——謝靈運之詩。
五、徐庾體—徐陵庾信之詩。
六、沈宋體—沈佺期宋之問之詩。

七、陳拾遺體——陳子昂之詩。
八、王楊盧駱體——王勃楊炯盧照鄰駱賓王之詩。
九、張曲江體——張九齡之詩。
十、少陵體——杜甫之詩。
十一、太白體——李白之詩。
十二、高達夫體——高適之詩。
十三、孟浩然體——孟襄陽（浩然）之詩。
十四、岑嘉州體——岑參之詩。
十五、王右丞體——王維之詩。
十六、韋蘇州體——韋應物之詩。
十七、韓昌黎體——韓愈之詩。
十八、柳子厚體——柳宗元之詩。
十九、韋柳體——合韋應物與柳宗元兩家之詩。
二〇、李長吉體——李賀之詩。
二一、李商隱體——商隱字義山之詩。

二二、盧仝體——盧仝號玉川子之詩。
二三、白樂天體—白居易之詩。
二四、元白體——合元微之白樂天二人之詩。
二五、杜牧之體—杜牧（字牧之）之詩。
二六、張籍王建體—張籍字文昌，王建字仲初之詩。
二七、賈浪仙體—賈島之詩。
二八、孟東野體—孟郊之詩。
二九、杜荀鶴體—杜荀鶴（字彥之）之詩，有唐風集。
三〇、東坡體——蘇軾之詩。
三一、山谷體——黃魯直（庭堅）之詩。
三二、後山體——陳師道之詩，有後山集。
三三、王荊公體—王安石之詩。
三四、邵康節體—邵雍之詩。
三五、陳簡齋體—陳與義字去非之詩，有簡齋集。
三六、楊誠齋體—楊萬里之詩，有誠齋江湖集。

又以風格作詩體之區分者，計有：

一、選體——今人謂五言古詩爲選體。

二、柏梁體——每句都押韻之詩。

三、玉臺體——言情之詩。

四、西崑體——即李商隱詩體。

五、香奩體——韓偓有香奩集，皆裾裙脂粉之詩。

六、宮體——梁簡文帝所寫閨闈之詩。

又以篇章作詩體之區分者，計有：

一、古詩——亦名往體，漢魏之作，高簡古淡。

二、近體——即律詩，叶於聲律，講求嚴整，以別於往體。

三、絕句——即五言七言絕詩，是近體中之一體。

四、雜言——即古體中之長短句詩。

五、三五七言——自三言而終以七言之詩。

六、半五六言——如晉．傅玄（鴻雁生塞北）之詩（見本書第七篇）。

七、一字至七字——自一字起以七字終之詩。

八、三句之歌—如漢高祖大風歌。
九、兩句之歌—如荊軻易水歌。
十、一句之歌—如漢書「抱鼓不鳴董少年。」
又以題目作詩體之區分者，計有：
一、口號—或四句，或八句。
二、歌行—如長歌行、短歌行、鞠歌行、放歌行。
三、樂府—詩歌之叶樂者叫樂府。因其音調可被於管弦也。
四、楚辭—屈原宋玉之作（皆楚人）。
五、琴操—如水仙操、別鶴操。
六、謠—如獨酌謠、箜篌謠、白雲謠。
七、吟—如隴頭吟、梁父吟、白頭吟。
八、詞—如秋風詞、木蘭詞。
九、引—如霹靂引、走馬引、飛龍引。
十、詠—如五君詠、群鵰詠。
十一、曲—如大堤曲、烏棲曲。

十二、篇——如名都篇、京洛篇、白馬篇。
十三、唱——如氣出唱。
十四、弄——如江南弄。
十五、長調—長調即七言詩，必須可以合歌之詩。
十六、短調—短調即五言詩，必須可以合歌之詩。
十七、嘆——如楚妃嘆、昭君嘆。
十八、愁——如獨處愁、四愁。
十九、哀——如七哀、八哀。
二〇、怨——如寒夜怨、玉階怨。
二一、思——如靜夜思。
二二、樂——如估客樂、石城樂。
二三、別——如無家別、垂老別、新婚別。
二四、擬古—亦稱效、或稱代、或稱學、或稱紹。
二五、連句—人作一句，連以成詩，如柏梁宴。
二六、集句—採集前人原句以成己詩之詩。

二七、分題—分探題目之字而各詠一物之詩。

二八、扇對—第一句對第三句，第二句對第四句之詩。

又列雜體於末，計有：

一、風人——上句述其語，下句釋其義。

二、藁砧——隱語體，遯辭以隱意，譎譬以指事。

三、回文——順讀倒讀皆成句之詩。

四、反覆——任舉一字連環讀，反覆讀，都成句之詩。

五、離合——將字拆離後，又與他字結合爲新字之詩。

六、字謎——隱藏謎底之詩。

七、人名——將古人姓名嵌於詩句中之詩。

八、數名——以數目字嵌入詩句中之詩。

九、藥名——嵌入中藥名稱之詩。

十、藏頭——每句首字皆藏於前句尾字中之詩。

以上是嚴滄浪的詩體分類，詩人多以此爲據。雖有論者嫌他太繁，實則如以「人」作區分，應還可以再增。例如宋之陸放翁體、金之元遺山體、元之虞楊范揭四家體、明之吳中四傑體、李東陽體、公安體（明代公安人袁宗道所倡）、竟陵體（明代竟陵人鍾惺譚元春所倡）、清之吳梅村體、王漁洋體，蓋不可勝數也。

唐人元微之《元稹集》說：「詩有二十四名：賦頌銘贊文誄箴詩行詠吟題怨歎篇章操引謠謳歌曲詞調。雖題號不同，而悉謂之詩」，則更繁複了。

至於律詩絕句，乃近體詩的正宗。歷代的詩家數千人，流傳的名詩數萬首，錄不勝錄，且人人能誦，本書就只擇要舉例。至若那些不合時代的如風人體、已成絕響的如藁砧體，似也毋須收集。再如若干遊戲體裁如諷嘲、如吃語，當也不宜倣效，只是備此一格而已。

在上下兩千年的詩之芳國裏，原是群葩競艷，萬卉爭榮。惜乎編者手拙眼低，雖采到一百多種體裁，亦僅是躑躅在詩國小徑中的野人，原欲尋覓幽芳，卻僅祇掇拾到一些落瓣零苞而已，且也薰蕕雜陳，瑜瑕並現。欲賞海棠芍藥，容待將來。

竊以爲撰論詩體格式之書，僅能予人以規矩，不能予人巧。運用之妙，存乎一心；神而明之，在於各位高人君子之參化焉耳。尙祈碩儒正之。

一〇五　附錄——本書所引論詩書目

資治通鑑　宋人司馬光撰，爲編年史，上起戰國，下迄五代，計一三六二年，凡二九四卷。

四庫全書　清代康熙帝飭修，分經史子集四部，故名四庫，費時十八年編成。

藝文類聚　唐人歐陽詢等奉飭撰，分爲類事詩文等四十八門。

詩經　孔子刪定，含國風、小雅、大雅、頌等四體，共收三〇五篇。

樂府詩集　宋代郭茂倩編，總括歷代樂府詩歌，上起陶唐，下迄五代，凡一百卷。網羅賅博，宗爲圭臬。

滄浪詩話　宋人嚴羽（字滄浪）撰，分詩辨、詩體、詩法、詩評、詩證五門。

唐詩三百首　清人蘅唐退士（孫洙）編選，實選三一三首，凡六卷。

千家詩　原爲宋人劉後村所輯，後經他人增刪，所選惟近體詩。

瀛奎律髓　元代方回撰，以唐宋兩代之詩合編，皆取近體，故名律髓。

作詩百法　今人劉鐵冷撰，分上下兩卷，談途徑、談範圍，合計百篇。

西清詩話　蔡絛撰。

劍南詩稿　宋代陸游撰，凡八十五卷，詩意寄托遙深，風骨遒上。

西崑酬唱集　宋楊億、劉筠、錢惟演等人之詩集。

唐宋詩醇　清乾隆帝御訂，於唐取李白杜甫白居易韓愈四家，於宋取蘇軾陸游二家。分予通評，凡四十七卷。

詩人玉屑　宋人魏慶之撰，凡二十卷，可與苕溪魚隱叢話合觀，

歷代詩發　宋人范士大撰。

草堂詩話　宋人蔡夢弼撰，爲杜甫詩作評，草堂即杜甫客蜀時所居。

唐音　元代楊士宏編，錄唐人詩，分始音（王楊盧駱）、正音（盛唐、中唐、晚唐）、遺響（其餘諸家詩），去取不苟。

長慶集　唐代詩人元稹及白居易詩之合集。

小畜集　宋人王禹偁撰，其詩文全棄纖麗，而趨於古雅簡淡。

冰川詩式　明代梁橋撰。

苕溪魚隱叢話　宋代胡仔撰，繼詩話總龜而作，二書可互相補苴。

權載之文集　唐代權德輿（字載之）撰，德輿四歲能詩，下筆雅贍。

七修類稿　明代郎瑛撰，凡五十一卷，分天地、義理、詩文等七門。
古詩選　清人王士禎選，凡五言詩十七卷，七言詩十五卷。
古詩源　清人沈德潛撰，古詩選僅錄五七言詩，此則兼收三四言及長短句。
古文苑　著者待考，所錄詩賦雜文自東周迄南齊凡二百六十餘首。
書經　即尚書，尚者，上也，言此上代以來之書，故曰尚書，又簡稱書。
禮記　漢代戴聖所記，亦稱小戴記。
石林詩話　宋代葉夢得撰，夢號石林，凡所評論，每中肯綮。
諶淵靜語　元白珽撰。
隨園詩話　清代袁枚撰，袁氏論詩，主張性靈，反對摹擬，凡十六卷。
唐詩紀事　宋代計有功撰，錄唐詩一一五〇家，凡八十一卷。
白蓮集　唐代僧人齊己撰，十卷，又外編一卷。
宜陽集　唐人鄭谷（字若愚）撰。
西嶽集　唐代僧人貫休撰，凡十卷，吳融作序。
解人頤　清代胡澹菴編，分上下兩卷。
論衡　東漢王充撰，凡三十卷，且有問孔刺孟之篇與聖賢相軋。

詩話總龜　宋人阮閱撰，所採詩話書凡二百種，前集四十八卷，後集五十卷。
閒中今古錄　明人黃溥撰。
容齋隨筆　宋人洪邁撰，凡十六卷，淹通該博，頗爲精當。
絕聯奇文　今人李隆編，包括諧詩巧謎等。
升庵外集　明人楊愼撰，其詩含吐六朝，凡四十一卷。
古今詩刪　明人李攀龍撰，王世貞續輯，自古至明，凡卅四卷。
陔餘叢考　清人趙翼撰，皆考訂詩文成語之作，凡四十三卷。
昭明文選　梁·昭明太子蕭統編，選錄秦漢齊梁之詩文，凡六十卷。
學林新編　宋代王觀國撰，又省曰學林，以字體異同考求得失。
古詩賞析　張玉穀撰。
古詩十九首　作者一說江淹，一說枚乘，或謂傅毅，但昭明文選指係無名氏。
天眞閣外集　清人孫原湘撰。
璇璣圖讀法　明人康萬民撰，凡一卷，共分十一圖，得詩四二〇六首。
璇璣圖序　唐·則天皇帝撰，敘蘇蕙織圖故事。
鏡花緣　清人李汝珍撰，凡一百回，書中敘女子之處甚多。

寒山集　唐代僧人寒山子之詩。

高常侍集　唐代高適（曾任散騎常侍）撰，其詩以氣質自高。

古今圖書集成　清康熙雍正年間設館輯成，凡一百卷，分曆象、文學等卅二典。

今古奇觀　編者不詳，有說係抱甕老人輯，凡四十卷，諷世醒俗，間有詩文。

新序　漢·劉向撰，凡十卷，旨在正綱紀，敦教化。

左傳　春秋三傳之一，亦名左氏春秋，周·左丘明撰。

廣韻　本名切韻，隋·陸法言撰，分二百六韻，一二一五八字。

集韻　宋·丁度等撰，凡十卷，共列五三五二五字。

韻略　宋·戚綸刪取切韻字爲韻略五卷。又景祐年詔修韻略改稱禮部韻略。

古今詩刪　明人李攀龍撰，詩以聲調勝，尤精七律。

對牀夜話　南宋范晞文（字景文）撰，於詩學有所發揮。

捫蝨新話　宋人陳善撰，已收入《叢書集成新編》。

升菴集　明人楊愼撰，共八十一卷，含詩二十九卷。

漫叟拾遺　唐人元結撰，字次山，號漫叟，文字簡淡高古，一變綺靡之習。

四溟詩話　明人謝榛撰，字茂秦，號四溟山人。

歲寒堂詩話　宋人張戒撰，二卷。
河岳英靈集　唐代進士，丹陽人殷璠撰。
詩筏　清人賀貽孫撰，字子翼，另尙撰有詩觸、水田居士集等。
藝苑卮言　明人王世貞撰，嘉靖進士，與李攀龍友善。
樂府雜錄　唐人段安節撰，與樂府詩集詳略不同。
樂府群玉　元人胡從善撰，凡五卷，附錄一卷。
環溪詩話　宋人吳沆撰。
漢書　東漢班固撰，其妹班昭續成之。含本紀表志列傳等，凡百廿卷。
后山詩話　北宋陳師道撰，並有后山詩集、后山談叢。
列朝詩集　清人錢謙益編，凡八十一卷，所收爲明代歷朝之詩。